몽마르트르를 걷다

몽마르트르를 걷다

1판 1쇄 발행 2009년 4월 15일
1판 2쇄 발행 2010년 12월 24일

지은이 최내경

펴낸이 김현정
펴낸곳 도서출판리수

등록 제4-389호(2000년 1월 13일)
주소 서울시 성동구 행당동 328-1 한진노변상가 110호
전화 2299-3703
팩스 2282-3152
홈페이지 www.risu.co.kr
이메일 risubook@hanmail.net

ⓒ 2009, 최내경

ISBN 978-89-90449-52-8 03810
※책값은 뒤표지에 있습니다.
※잘못 제본된 책은 바꾸어 드립니다.

몽마르트르를 걷다

삶이 아플 때, 사랑을 잃었을 때

최내경 지음

리수

머리말

"너무 빨리 하지 마시오"

　몽마르트르에 대한 글을 쓰기 시작한 지 꽤 오랜 시간이 흘렀다. 처음에 이 글을 쓰기로 마음먹었을 때의 설렘이 아직도 생생하다. 나는 한 손에 몽마르트르 지도를 들고 다른 한 손으로는 이곳의 흔적을 공책에 메모해가며 사진을 찍느라 바빴다. 강의 시간에 학생들에게 보여줄 비디오까지 찍어대느라 개똥을 꽤나 많이 밟았던 기억도 난다. 몽마르트르는 모든 것이 공존하는 공간이다. 이전의 모습을 그대로 간직하려는 전통과 똑같은 것을 거부하고 새로운 창조를 모색하려는 프랑스인의 개혁 정신이 이곳에서는 살아 숨 쉰다.

　시골 풍광이 남아 있어 한적했던 몽마르트르는 19세기 말 오스만 남작이 단행한 파리 재개발로 예술가와 몽마르트르의 카바레를 드나들던 부르주아, 새롭게 등장한 노동자들이 함께하는 공간으로 재탄생했다. 이곳 화

머리말

가들은 부르주아와 노동자라는 근대사회의 두 계급의 문화적·신체적 차이점을 이미지 텍스트로 기록했다. 이미지 세계에서 소외된 파리 노동자들은 로트렉, 드가, 르누아르, 위트릴로 등 몽마르트르 화가들에 의해 방대한 규모로 시각화되었고, 현재에도 다양한 통로를 통해 사회에 전달되고 있다. 19세기 말 '부르주아'와 '노동자'는 정치 영역에서뿐 아니라 이미지 영역에서도 대립 양상을 보이는데, 몽마르트르에 터를 잡은 화가들은 두 계급 사이의 지배와 종속의 관계가 여가 시간에까지 침투한 것을 포착해냈다. 무시할 수 없는 공공여론을 형성했던 이곳의 카페에서 노동자들은 스탤랑의 그림을 감상하거나 브뤼앙의 노래를 흥얼거리며 고단한 삶을 위로받았다.

"바보 같은 사람들은 내가 그들을 욕하는 노래를 해도 모르지. 배고픔이 무엇인지 모르고 입에 은수저를 달고 나온 것처럼 구는 사람들은 그것을 알 수 없을 거야. 나는 그들을 개 취급하면서 복수하지. 그게 사람들을 눈물을 흘리면서 웃게 만들더군. 사람들은 내가 농담을 하는 줄 알더군."

브뤼앙, '거리에서 Dans la rue, 1888년'

머리말

　전시회를 관람하며 예술 작품을 즐길 여유가 없는 파리의 노동자들이 이곳 몽마르트르에서 흔히 볼 수 있었던 카페 포스터는 이미지와 문자가 결합된 최초의 텍스트이자 예술 작품이었다.

　파리의 노동자들은 거리에 붙어 있는 로트렉의 '물랭루즈' 포스터나 카페에 걸린 화가들의 그림을 보며 '문화'를 느끼고 향유했다. 이곳 몽마르트르는 화가와 문인들에게 영감과 자극을 주었고 노동자들에게는 문화를 습득하는 공간이었다.

　몽마르트르는 오묘한 흥분으로 가슴 뛰게 하는 멋진 공간으로, 나는 끝없이 이어지는 몽마르트르의 언덕과 화가들의 아틀리에, 문인들의 흔적을 숨가쁘게 찾아다니느라 늘 마음이 바빴다. 그런데 이곳에 대한 정보를 많이 얻으면 얻을수록 모든 것이 진부하고 가치 없어 보이기 시작했다. 오늘날의 몽마르트르는 이전의 모습은 간데없고 관광객들의 술렁거림과 푼돈을 위해 손을 내미는 화가와 이민자들이 득실대는 소매치기 천국, 환락가의 쓸쓸한 모습만이 남아 있는 듯했다. 그래서 내 느낌을 글로 단 한 줄도 옮길 수 없었다.

　나는 다른 일로 다시 파리를 찾았고 또다시 몽마르트를 걸었다. 이전처

머리말

럼 빠뜨린 장소를 찍기 위해, 뭔가 새로운 것을 찾아내기 위해서가 아니었다. 랭보의 시처럼 아무 말도 하지 않고 무념의 상태로 이곳을 걸어보았다. 늘 그랬듯이 오늘도 이 도시의 서글픔을 다 짊어진 듯한 차가운 겨울비와 악취, 불편함 때문에 가벼운 우울감이 밀려왔다. 그런데 마법과도 같이 이곳은 한 발 한 발 디딜수록 다른 느낌으로 다가왔다. 물론 처음 몽마르트르를 찾았을 때처럼 빈틈없이 꽉 찬 그런 느낌은 아니었다.

이곳을 천천히 걸으면서 나는 이전에 느끼지 못한 것을 하나씩 음미했다. 프루스트의 "너무 빨리 하지 마시오" N' allez pas trop vite라는 말의 의미를 깨달을 수 있었다. 천천히 걷는 가운데 평범해 보이기까지 하던 이 거리의 모습이 내게 새로운 대상으로 바뀌었고 화려한 색채를 띠기 시작했다. 그것은 마치 위대한 예술 작품에 압도되었을 때의 경의로움으로 바뀌어 나를 미소 짓게 했다. 내가 몽마르트르에 권태를 느꼈다면 공간에 대한 권태가 아니라 호기심에 대한 권태가 아니었나 싶다. 이 공간을 재미없고 하찮게 여긴 것이 내가 너무 성급하게 이곳의 이미지 모두를 지적인 노력을 통한 회상으로 찾으려고 했기 때문이었다.

삶의 무게와 혼돈에서 벗어나기 위해 이곳을 사랑한 이들이 바라본 하늘을 올려다보며 천천히 이 거리를 걸어보라. 몽마르트르에서는 여러 화가의

머리말

흔적을 쫓지 말고 음미하듯 내밀한 시간을 가져보길 바란다. 오랜 시간이 흐른 뒤에도 이곳에 깊이 묻어둔 자신만의 기억으로 행복할 것이다.

2009년 2월

비가 내리는 몽마르트르에서

최내경

차례 Contents

머리말 너무 빨리 하지 마시오 5

프롤로그 몽마르트르로 한 걸음 더 15

쉬잔 발라동 Suzanne Valadon

"예술은 우리가 증오하는 삶을 영원하게 한다" 31

메종 로즈 Maison Rose

모리스 위트릴로 Maurice Utrillo

"예술적으로 한번 놀아보자" 55

라팽 아질 Lapin Agile

툴루즈 로트렉 Toulouse Lautrec

" 라 굴뤼! 더 높이, 더 멀리!" 79

물랭 루즈 Moulin Rouge

차례 Contents

오귀스트 르누아르 Auguste Renoir

"내게 그림이란 소중하고 아름다운 것이다" 99

물랭 드 라 갈레트 Moulin de la Galette

조르주 브라상스 Georges Brassens

"행복한 사랑은 없다네" 117

몽마르트르 포도 수확제 · 브라상스 Fête des Vendanges · Brassens

달리다 Dalida

"추억 또한 우리가 그것을 잊어버릴 때 시들게 마련인 것을" 143

달리다 광장 La Place Dalida

차례 Contents

난 널 사랑해 Je t'aime

" 난 널 사랑해 ! " 157

주 템므 벽 Le Mur des "Je t'aime"

아멜리에 Amélie Poulain

" 모든 이에게 행복을 전해주는 아멜리 풀랭이 태어났다 " 165

두 개의 풍차 Brasserie de Deux Moulins

마르셀 에메 Marcel Aymé

" 마치 열린 문으로 드나들듯이
벽을 뚫고 지나가는 사나이가 있었다 " 175

마르셀 에메 광장 La Place Marcel Aymé

차례 Contents

뱅상 반 고흐 Vincent Van Gogh

"나는 항상 카페에서 내 작품이 전시되길 바랐다" 187

오베르주 드 라 본 프랑케트 Auberge de la Bonne Franquette

군중 Les Foules

"군중을 즐기는 것은 일종의 예술이다" 205

테르트르 광장 La place de Tertre

달리 외 Dali etc.

"늘 똑같은 것이 되풀이되는 인간의 맹목적 습성에 경악한다" 217

달리 미술관 Musée de Dali / 몽마르트르 미술관 Musée de Montmartre

에필로그 잃어버린 시간을 찾아서 227

참고문헌 · 사진저작권 232

프롤로그 Prologue

몽마르트르로 한 걸음 더

파리에 들어서면 나의 발걸음은 이내 몽마르트르로 향한다. 친구들은 아직도 이런 내 마음을 이해하지 못한다. 이곳보다는 루브르 박물관이나 에펠탑, 샹젤리제 거리, 개선문, 마레 지구가 더 파리적이지 않느냐고 반문하기도 한다. 또 어떤 친구는 이곳의 질척거림에서 벗어나기 위해 많은 화가나 문인이 찾았던 몽파르나스의 카페나 지성인들의 공간인 생 제르맹 데 프레 거리의 카페에서 파리지앵의 낭만이나 여유로움을 느끼려고 한다. 나 역시 '실존은 본질보다 앞서며, 우연히 내던져진 자유롭지만 불행한 인간은 행동해야 된다'는 실존주의를 탄생시킨 사르트르나 보부아르, 행복한 시지프를 우리에게 일깨워준 카뮈를 추억하며 그들의 만남의 장소이자 글을 쓰던 작업터인 되 마고나 플로르로 발걸음을 옮기는 것을 좋아하지 않는 건 아니다.

프롤로그 Prologue

카페 되 마고의 내부.

프롤로그 Prologue

　이전에 나는 이곳을 찾는 파리지앵의 여유로운 모습을 보는 것에 만족하며 카페를 찾는 사람들에게 "갑니다J'arrive"라고 외치며 즐거움을 주는 친절한 가르송과 카페의 내부를 카메라에 담느라 마음이 바빴다. 이곳의 가르송이 카페의 역사나 1933년부터 수여하고 있는 되 마고 카페 문학상, '두 개의 중국 인형Deux Magots'이란 카페 이름을 가지게 된 유래, 조끼에 주머니가 많은 이유 등에 대해 친절하게 설명해줄 때면 무척 뿌듯했다. 그때보다 사정이 조금 여유로워진 나는 사르트르와 보부아르가 글을 쓰거나 서로의 글에 대해 이야기하고 사랑을 나눴다는 자리에 앉아 차를 마시거나 파리지앵들처럼 테라스에 앉아 아침식사를 하면서 나른한 행복감에 젖는 시간을 즐긴다. 어떤 때는 에밀 졸라가 카페 한구석에 앉아 누명을 쓰고 종신형을 받은 드레퓌스를 변호하기 위해 〈나는 고발한다J'accuse〉를 썼던 시대나, 생각을 행동으로 옮길 수 있었던 사르트르의 시대를 그리워한다.

　사회 현상과 무관하게 행동하는 스타 지식인이 많은 요즘, 갓 구운 빵을 사러 새벽에 빵집에 가듯 갓 구운 사르트르의 생각을 듣기 위해 밤새도록 귀를 기울였던 시대가 한편으로는 부럽다. 그래서 나도 사르트르처럼 커피 한 잔만 시켜놓고 하루 종일 자료를 정리하거나 좁은 테이블에 책을 가득 펴놓고 읽으며 다음 학기 강의를 준비한다. 좀 낯선 시선으로 바라보기는

프롤로그 Prologue

하지만 전통을 이어나가기 위해서인지 그곳 가르송들은 미소를 잃지 않고 내게 친절하게 대한다. 바쁜 여행 일정에서 이런 시간은 사치스럽긴 하지만 그래도 나는 계획한 일정을 몇 개 빠뜨리더라도 이런 나만의 사치를 즐기는 것을 좋아한다.

하지만 몽마르트르에서는 웬만해선 이런 여유로움을 한껏 즐길 수 없다. 그런데 왜 사람들은 계속 이곳으로 발걸음을 옮기는 것일까? 나 역시 확실하게 뭐라고 말할 수는 없지만 몽마르트르는 다른 곳에서는 찾을 수 없는, 결코 느낄 수 없는 강렬한 색채와 선율을 가졌기 때문인 듯하다. 몽마르트르 언덕을 오르기 위해 지하철역에서 내려 클리시 대로를 바라보면 넘쳐나는 외국인 관광객들, 최근 큰 사회 문제가 되고 있는 알제리나 모로코, 튀니지의 마그레브 이민자들과 흑인들이 관광객을 노리는 듯한 눈초리, 성을 상품화하는 거리의 모습 등에 크게 실망한다. 하지만 이곳만의 색다른 매력 때문에 사람들은 또다시 몽마르트르로 발걸음을 옮긴다.

몽마르트르에 대한 집착에 가까운 내 사랑은 아마도 한곳에 머물러 있기보다는 새벽이나 밤거리를 쏘다니는 것을 좋아하는 방랑벽 때문인지도 모르겠다. 오스만의 도시 정비 사업에 의해 파리 변두리로 쫓겨난 예술가들은 값싼 잠자리를 찾아 이곳으로 모여들어 자유롭게 그림을 그리며 춤추고 시를 노래했는데, 오늘날에도 변함없이 예술가의 숨결이 느껴진다. 구불구불하게 늘어진 이곳 거리를 걷다보면 구멍 난 주머니에 손을 찌른 채 자유를 향해 길을 떠났던 랭보의 '감각'이 귓가에 들리는 듯하다.

나는 아무 말도 하지 않으리 아무런 생각도 하지 않으리.
그러나 내 마음속 깊은 곳으로부터 무한한 사랑만이 솟아오르네.
나는 방랑자처럼 멀리, 아주 멀리 떠나가리.
자연과 더불어 여인을 데리고 가는 것처럼 가슴 벅차게.

랭보의 '감각Sensation, 1870년' 중에서

몽마르트르는 항상 다른 것을 꿈꾸며 현실과는 또 다른 어떤 것이 될 수 있다는 희망을 간직한 예술가들을 매혹하기에 충분한 공간이었다. 툴루즈 로트렉을 비롯해 위트릴로, 르누아르, 드가, 모로, 고흐, 모네, 세잔, 제리코, 브뤼앙, 피카소, 아폴리네르, 풀보, 에릭 사티, 발라동, 베를렌, 에메 등 이곳을 사랑한 이들을 열거하라면 끝도 없지만 그들의 흔적은 몇몇 그림이나 시로 남아 있을 뿐이다. 그들이 이곳을 택한 것은 자신들의 꿈을 실현하기

프롤로그 Prologue

위해서가 아니라 구불구불하게 이어진 언덕처럼 삶의 우여곡절을 겪으며 길을 헤매다 안식을 찾았기 때문일 것이다. 그러기에 몽마르트르는 삶의 숨결이 느껴지는 매력적인 공간이다. 확연하게 드러나지는 않지만 몽마르트르 거리의 작은 흔적에서 화가들의 체취를 발견하고 그들의 삶과 사랑을 이야기할 수 있기 때문이다.

이곳에서는 황혼 녘의 우수가 우리들의 어조를 느릿하게 만들 때, 나름대로 과장을 하며 문인들이 나눴던 끝없는 대화를 상상해보는 묘미를 즐길 수 있다. 또 몽마르트르의 거리나 연인들을 보며 새삼 동요되어 마음을 어지럽히는 추억에 빠져들기도 한다. 확실하지 않다는 것, 그것은 혼돈을 불러오지만 새로운 창작을 할 수 있는 계기도 마련해준다. 이것이 바로 몽마르트르만의 매력이다. 이곳을 찾는다면 화가들이 남긴 그림과 그들이 살았던 아틀리에, 그들 작품의 모티브가 된 장소를 찾아가 사진 몇 장 찍고 돌아서는 데서 만족하지 말자. 그들이 이곳에서 느꼈을 고독의 원인이 무엇이었는지를 결과물이나 얄팍한 자료에만 의존하지 말고 또 다른 시선으로 바라보며 조심스럽게 이 공간을 둘러보자. 사실이 다소 왜곡되면 어떠랴. 나름대로의 시선을 가지고 몽마르트르로 한 걸음 더 나아가 본다면 설렘으로 이곳을 다시 찾게 될 것이다.

프롤로그 Prologue

르픽 거리는 몽마르트르에 머물렀던 여러 화가들의 아틀리에가 있던 곳으로,
고흐는 르픽 거리로 난 창문을 통해 파리의 수많은 지붕과 몽마르트르의 모습을 화폭에 담았다.

프롤로그 Prologue

　몽마르트르를 찾기 전에 이곳을 노래한 시인들의 시를 읽어보거나 이곳을 그린 화가들의 그림을 미리 봐두는 것도 이곳을 즐기는 한 방법이다. 몽마르트르를 노래한 그들의 시에는 이 거리에서 그들이 느꼈던 절망감과 고독, 팽창된 몽상, 삶에 대한 열정이 고스란히 남아 있기에, 우리는 몽마르트르 거리에서 내밀하고도 가슴 시린 그들의 삶과 사랑을 느낄 수 있다. 몽마르트르의 캄캄한 거리를 여기저기 거닐던 시인들이 친구를 만나서 카페나 카바레에 앉아 이야기를 나누다 그곳에서의 느낌을 적어나갔기 때문이 아닐까 싶다.

　몽마르트르 언덕을 올라본 사람이라면 누구나 이곳을 걷는 것만으로도 시간과 공간이 팽창된 느낌을 받았을 것이다. 이때의 느낌… 세월의 흔적이 남아 있는 거리나 벽면, 이름 없는 화가들의 모습 등 몽마르트르에서 보고 느낀 모든 것을 글로 표현해낼 능력이 부족함을 실감할 뿐이다. 사크레쾨르 성당이나 몽마르트르 묘지 혹은 살바도르 달리 미술관, 피카소나 모딜리아니가 예술 활동의 본거지로 삼았던 세탁선, 몽마르트르 포도밭 등을 둘러보자. 설령 이곳들을 구경하지 않더라도 고흐와 기요맹 등 많은 예술가가 머물렀던 아틀리에나 물랭 드 라 갈레트가 있는 르픽 거리, 르누아르의 아틀리에와 몽마르트르 미술관이 있는 코르토 거리, 로트렉의 아틀리에

프롤로그 Prologue

모리스 위트릴로, '몽스니 거리', 1914년, 파리, 오랑주리 미술관.
이 거리에서는 몽마르트르의 시정과 고독감이 느껴지는 듯하다.

가 있었던 콩스탕스 거리를 걷는 것만으로도 몽마르트르의 다양한 모습에 대해 한참 동안 들떠서 행복하게 말하는 이야기꾼이 될 수 있을 것이다.

　이 거리에 서면 절망과 외로움으로 힘겹게 걸음을 옮기는 위트릴로가, 물랭 드 라 갈레트로 걸어가는 르누아르가, '몽마르트르의 선술집'을 그리기 위해 생 뤼스티크 거리에 있는 오베르주 드 라 본 프랑케트로 들어가는 고흐가, 다정하게 사랑의 피난처로 향하는 조르주 상드와 쇼팽이, 바쁜 걸음으로 어딘가를 서둘러 가는 쉬잔 발라동과 무희들이, 카페 장면을 그리고자 한 드가의 부탁으로 누벨 아텐으로 향하는 조각가 마르슬랭 데뷔탱이, 탕부랭 카페에서 파스텔로 고흐 초상화를 그려주는 로트렉의 모습이 보이는 듯하다.

　나도 그들이 하루에 수십 번도 더 오르내렸을 이 거리를 걸어보았다. 르누아르는 '물랭 드 라 갈레트에서의 무도회'를 생생하게 그리기 위해 얼마나 자주 이 거리를 오르내렸을까? 무도회장을 찾은 여인들의 모습을 더 자세히 관찰하기 위해, 소용돌이치는 드레스의 리듬감이나 춤으로 들뜬 소란스러운 분위기를 생생하게 표현하기 위해 얼마나 많이 고뇌했을까? 로트렉이 육체적인 열등감을 잊기 위해, 고통스러운 현실에서 도피하기 위해 몽

프롤로그 Prologue

에드가 드가, '압생트' 혹은 '카페에서', 1875~1876년, 파리, 오르세 미술관.

프롤로그 Prologue

마르트르 언덕의 술집과 환락가를 얼마나 많이 찾아 헤매었을까? 이 거리를 오르내리는 사람들의 모습에서 도취감이나 무료함에 젖어 이 거리를 배회했던 19세기 화가들의 모습이 오버랩된다. 화가들의 삶을 느껴보고자 이 거리를 걷는 관광객들과 19세기에 이곳을 화폭에 담았던 화가들의 모습이 닮았나보다.

문득 '우리 존재 중에는 시간과 공간이 더욱 넓어지고 존재감이 무한하게 확대되는 순간이 있다' 고 한 보들레르의 글귀가 떠올랐다. 어느새 나는 19세기의 이곳에 머물렀던 화가들과 함께 호흡하고 있는 듯한 착각에 빠져 마네나 졸라, 나다르, 르누아르, 모네, 피사로 등 수많은 예술가와 비평가가 드나들며 인상파라는 새로운 유파를 탄생시켰던, 바티뇰 대로 11번지에 자리한 게르부아 카페로 가서 그들이 나누는 대화를 듣고 싶었다.

또 드가가 '압생트 혹은 카페에서' 라는 그림을 그렸던 누벨 아텐에서는 데뷔탱과 엘렌 앙드레가 어느 자리에 앉아 압생트를 마셨는지 알고 싶었다. 그림 속 앙드레가 그리도 절망적인 눈빛을 한 것이 화가의 부탁 때문이었는지, 아니면 '초록 요정 fée verte'으로도 불렸던 압생트라는 72도나 되는 독한 술 때문이었는지도 궁금했다. 왜 그들은 해질 녘이면 화려하고 우아

프롤로그 Prologue

마네가 게르부아 카페에 모인 사람들의 모습을 스케치한 그림, 1869년.

한 장소를 떠나 몽마르트르로 몰려들었을까? 게르부아 카페에 드나들던 화가들은 무슨 이유로 피갈 모퉁이에 있는 누벨 아텐으로 발걸음을 옮겼을까? 도시화되어가는 파리에서 몽마르트르는 아직은 순수함이 남아 있어서 그들을 끌어들였을까? 아니면 극한의 외로움에 지쳐 순간적인 쾌락의 장소인 커다란 무도회장이나 환락가를 헤메다 이곳으로 다시 모여들었을까?

열정과 기지로 가득 찬 몽마르트르는 알퐁스 도데, 공쿠르 형제, 조지 무어, 보들레르, 에드몽 뒤랑티 등 예술가, 기자나 비평가 등의 만남의 장소였다. 라벨과 에릭 사티가 만남을 가진 곳도 이곳이라고 한다. 자신의 문학이나 예술세계, 또는 무거운 삶의 절망감을 토로했던 화가들, 그리고 작가들은 이 공간에서 서로 위안을 얻고 행복해하며 괴로워하고 꿈꾸며 방랑자들의 삶을 만들어냈으리라. 이제 좀 더 자세히 이곳을 둘러보기로 하자.

쉬잔 발라동 Suzanne Valadon

"예술은 우리가 증오하는 삶을 영원하게 한다"

메종 로즈
La Maison Rose

쉬잔 발라동 Suzanne Valadon

황혼 녘의 우수가 사람들의 어조를 느릿하게 만들 때 우리는 가슴 벅찼던 사랑의 기억을 떠올린다. 이 여인 역시 빛바랜 사진 한 장을 들고 아직도 흥분을 감추지 못한 채 괴로움과 회한의 눈물을 흘리고 있다. 납빛으로 변한 그녀의 얼굴은 서서히 고통스럽게 일그러진다. 마치 모든 근육이 뒤틀린 듯하다. 깊숙이 숨겨두었던, 어쩌면 잊었다는 기억조차 잊어버렸다고 생각한 정염이 다시 이글거려 그녀의 마음을 헤집으며 뒤흔들고 있다. 이 한 장의 사진으로 그녀가 한동안 단절되었다고 믿고 싶었던 몽마르트르에서의 시간이 점점 더 가까이 다가왔다. 이제는 억제할 수 없는 숨 가빴던 사랑과 수치스러운 과거의 기억들이 눈앞에 고스란히 되살아나 그녀의 영혼 속까지 파고들었다.

'마리아'로 불린 마리 클레망틴은 9살이란 어린 나이에 여러 직업을 전전하며 생계를 책임져야만 했다. 마리아는 슬픈 목소리로 아빠는 왜 집에

안 오는지, 그리고 어떤 사람인지를 엄마에게 물었고 엄마는 단호한 어조로 이렇게 대답하곤 했다.

"아빠는 지금 여행 중이야. 다시는 이런 질문 하지 마. 나중에 네가 크면 다 얘기해줄게."

엄마와 페르난도 서커스를 보러 가기를 좋아했던 어린 소녀 마리아는 이 서커스단에서 곡예사로 일하게 된다. 하지만 마리아는 16살이 되던 해에 서커스의 공중 그네를 타다 그네에서 떨어져 더 이상 이 일을 못하게 된다. 그 뒤 마리아는 잠시 꽃가게에서 일을 했는데, 이때 부드러운 색채로 아름다운 여인의 모습을 그려나갔던 오귀스트 르누아르를 만나게 된다.

"안녕하세요, 아가씨? 꽃을 좋아하나 보군요.

꽃은 여자와 비슷한 점이 참 많지요.

아름다운 아가씨, 내 그림의 모델이 될 수 있겠어요?

그럴 마음이 있으면 생 조르주 거리,

35번지에 있는 에드몽 형 집으로 와주시오.

하지만 너무 늦게는 오지 마시오. 곧 이사를 갈 거라오."

마리아는 갑작스러운 제안을 받고 마음이 불안했지만, 엄마에게는 이 사실을 숨기고 그 당시 매춘과도 같았던 모델이 되기로 결심한다. 몽마르트르에 머물던 많은 화가들은 그녀의 아름다움을 그려나가며 사랑을 탐닉했다. 마리아는 화가들의 모델이 될 때 자유로움을 느꼈고 아틀리에의 분위기에서 평온함을 느꼈다. 그녀는 모델로, 연인으로 화가들의 열정을 불살랐다. 그 뒤 '마리아'라는 소녀는 '쉬잔 발라동'이란 이름을 얻게 된다. 그녀의 나이 35세 때였다. 둥근 얼굴에 자그마한 키, 밝은 갈색 머리카락, 빛나는 파란 눈을 가졌던 발라동의 모습을 우리는 오귀스트 르누아르나 툴루즈 로트렉, 퓌비 드 샤반, 에드가 드가 등의 그림에서 만날 수 있다. 그녀는 몽마르트르의 라팽 아질에서 그리고 샤 누아르나 물랭 루즈에서 춤추고 흥겹게 노래했으며, 때론 구슬프게 술잔을 기울였다. 그녀의 아름다움에서는 고혹적인 섬세함보다는 매혹적인 상스러움, 우아한 속임수, 달콤한 배신이 느껴진다. 이것은 자신의 비참한 과거와 현재의 수치스러움을 감추려고 내뱉었던 그녀의 거짓말과 관련 있는 것이 아닐까. 그녀는 나이와 신분 등에 대해 끊임없이 거짓말을 했다.

쉬잔 발라동 Suzanne Valadon

오귀스트 르누아르, '르누아르의 부지발의 무도회', 1883년, 보스턴 예술 박물관.

쉬잔 발라동 Suzanne Valadon

툴루즈 로트렉, '페르난도 서커스단에서 여자 곡마사', 1888년, 시카고 미술 연구소.
이 그림에서 연초록색 옷을 입은 곡마사의 모델이 쉬잔 발라동이다.

여러 화가의 모델이기는 했지만, 발라동은 화가들이 원하는 시간이 아니라 자신이 원하는 시간에만 포즈를 취했다. 툴루즈 로트렉과 그 외 여러 명과의 동거… 1883년 12월 26일 한 아이가 포토 가에서 태어난다. 화가의 모델이 화가의 정부로 생각되던 시절, 19살의 어린 나이로 아버지도 모른다는 아이를 낳았으니 주위의 시선에 의한 그녀의 불안과 고통은 얼마나 컸을까. 스페인 북동부에 있는 카탈루냐 출신의 화가이자 평론가인 미겔 위트릴로가 아이의 아버지인 것 같지는 않다. 그는 쉬잔의 아들에게 '위트릴로' 란 성을 주었을 뿐이다. 또 몽마르트르에서 그림을 그리다 알코올 중독에 걸려 비참하게 살다 간 부아시가 위트릴로의 아버지라고 주장하는 사람들도 많지만 그것 역시 확실하지 않다고 한다. 발라동 자신조차도 누가 아버지인지 모른다고들 하지만 나는 그 사실을 믿지 않는다. 발라동은 그가 진정으로 사랑하는 사람이기에 입을 다물었을 것이다. 그녀는 위트릴로의 아버지인 그 남자를 마음에 담고 가슴 시린 아름다운 사랑의 추억을 간직한 채 살아갔을 것이다.

발라동은 코르토 거리에 살았던 작곡가 에릭 사티와도 6개월 정도 동거를 했다. 그때 위트릴로는 10살이었다. 에릭 사티는 몽마르트르의 이곳저곳에서 피아노를 치며 생계를 이어갔는데 쉬잔 발라동을 처음 보았을 때

쉬잔 발라동 Suzanne Valadon

쉬잔 발라동이 그린 위트릴로의 모습.

그녀는 로트렉과 춤을 추고 있었다. 샤 누아르Le chat noir, 검은 고양이라는 카바레에서 피아노를 쳤기 때문인지 아니면 항상 검은 옷을 입어서인지 '검은 고양이 신사' 라는 별명이 붙었다는 에릭 사티. 그의 사랑은 그가 작곡한 음악만큼이나 구슬프고 아름답다.

'가난뱅이 씨Monsieur Pauvre' 라고 불릴 만큼 가난하게 살았던 그를 1963년 루이 말 감독이 발견한다. 루이 말은 자신의 영화 '도깨비불' 의 영화음악에 사티의 음악을 사용한다. 그가 세상에 알려진 것은 사후 38년의 세월이 흐른 뒤였다. 그의 음악을 듣고 전 세계는 전율했다. 한 여인과의 짧고도 격정적인 사랑 이후 홀로 고독하게 자신만의 성을 쌓으며 살아서일까? 에릭 사티의 '짐노페디' 를 듣노라면 가슴에 깊이 숨겨둔 감정이 나를 뒤흔든다. 커다란 외침도 아닌, 아무 일도 일어날 것 같지 않은 가는 음이 어쩌면 그렇게도 큰 파장을 불러올 수 있을까? 구슬픈 피아노의 선율에 그의 애닯은 사랑의 아픔이 녹아 있기 때문인 것 같다. 몽마르트르 거리를 걸을 때마다 느끼는 것이지만, 이곳에서는 사티의 '짐노페디Gymnopédies, 1888나 '그노시엔Gnossiennes, 1890' 의 선율이 흐르는 듯하다.

마지막까지 그림을 그리도록 격려해준 드가의 권유로 쉬잔은 그림 그리기를 시작한다. 드가와 르누아르, 로트렉 등 화가들의 모델을 하면서 그들

쉬잔 발라동 Suzanne Valadon

코르토 거리에 있는 에릭 사티의 집을 멀리서 찍은 사진과 가까이에서 찍은 사진.
"작곡가 에릭 사티는 이곳에서 1890년부터 1898년까지 살았다"라고 적혀 있다.

의 그림을 흉내 내기도 하고 베끼기 작업도 하던 쉬잔은 사티에게 자신의 모델이 되어달라고 부탁한다.

그 후 약 6개월 동안 사티와 쉬잔은 동거를 하지만, 쉬잔과 사랑을 나누던 사티는 쉬잔에게서 어머니의 모습을 보고 놀란 후 그녀와 육체적인 사랑을 나눌 수 없게 된다. 그 후 사티는 쉬잔에게 다음과 같은 편지를 쓴다.

"나는 어머니를 사랑했소.

그러나 나는 당신을 사랑했소.

이 사랑은 영원히 변치 않을 것이오."

발라동은 에릭 사티와 코르토 거리에 있는 사티의 아틀리에에서 심하게 다툰 후 창밖으로 뛰어내렸다. 이것이 그들의 마지막이었고, 그 이후 사티는 자신의 아틀리에에 그 누구도 들이지 않았다. 발라동은 그녀의 소망대로 프랑스 표현주의 화가로 성공했다. 59세의 나이로 사망한 사티의 방에는 수신인이 모두 쉬잔 발라동이라고 쓰여 있는 부치지 않은 편지 한 묶음과 에릭 사티가 그린 쉬잔 발라동 그림, 쉬잔 발라동이 그린 사티의 그림, 그리고 쉬잔 발라동과 위트릴로의 모습이 담긴 사진 한 장이 발견된다.

쉬잔 발라동 Suzanne Valadon

쉬잔 발라동과 위트릴로의 모습.

쉬잔 발라동 Suzanne Valadon

발라동이 그린 에릭 사티.

사진 뒷면에는 '사랑스러운 쉬잔 발라동의 사진'이라는 사티의 글이 적혀 있다. 개 줄을 들고 있는 잘린 부분의 사람은 에릭 사티이다. 쉬잔이 30여 년의 세월이 흐른 뒤 건네받은 사진에서 사티 부분을 오려냈기 때문이다. 오랜 세월이 지났는데도 발라동이 사진에서 사티를 오려낼 수밖에 없었던 것은 그때까지 그에 대한 사랑이 그녀의 마음을 흔들었기 때문은 아니었을까. 사랑의 추억은 너무도 강렬하고 아름다운 만큼 끔찍한 고통을 주기 때문이다. 단 한 번의 연애 후 평생을 홀로 외로이 살아간 에릭 사티의 삶은 가난과 혹독한 고독의 시간이었다. 한평생 한 여인만을 사랑한 에릭 사티… 열렬한 사랑을 나누었지만 다른 남자를 찾아 떠난 여인, 드레 위테르라는 20살 연하인 그녀 아들의 절친한 친구를 사랑한 무모한 여인… 여러 남자의 품에 안기다 에릭 사티 후원회의 대표인 돈 많은 재산가의 품으로 떠나버린 여인… 에릭 사티의 고통은 너무도 컸으리라. 하지만 사티의 음악을 듣다보면 그의 고통은 발라동보다 더 무겁지는 않았던 것 같다. 어쩌면 발라동이 사티의 편지 꾸러미를 앞에 놓고서 흐느껴 울며 이렇게 외쳤을지도 모를 일이다.

"난 당신께 내 모든 것을 다 바쳤어요."

쉬잔 발라동 Suzanne Valadon

백사시옹 악보.
한 페이지밖에 안 되는 곡을 840번 반복해야 하기 때문에 사티 생전에는 전곡의 연주를 들을 수 없었다.
1963년 미국 전위 음악가인 존 케이지가 10명의 피아니스트와 함께 18시간이 넘는 시간 동안 연주함으로써
이 곡의 연주에 처음으로 성공하게 된다. 그 후 토마 브로쉬가 1984년 단독으로 정오에서 시작해서 다음 날 정오에 연주를 마쳤다.
가장 최근 이루어진 사티의 벡사시옹 연주는 새로운 연주 방식으로 우리에게 지금까지와는 다른 세계의 음악을 들려주는
알렉상드르 타로와 21명의 피아니스트가 2009년 2월 8일 8시부터 다음 날 새벽 3시 15분까지 연주한 것이다.

그녀는 자신이 고통의 수렁으로 빠지는 것도 모르는 채, 주위의 시선도 신경 쓰지 않은 채 매일 밤 코르토 거리에 있는 에릭 사티의 집으로 달려갔을 것이다.

혼자일 때보다 더 극한의 고독감과 상실감을 느끼게 했던 '발라동'이란 이름은 에릭 사티에게는 바로 '증오' 그 자체였을 것이다. 하지만 그는 음악을 통해 다시 그녀와의 사랑의 감정으로 행복감을 느꼈던 것으로 보인다. 발라동이 말한 것처럼 '예술은 우리가 증오하는 삶을 영원하게 하는 것'이다. 사티의 음악에서 조용하고도 강렬한 알 수 없는 슬픔과 고독이 느껴지지만, 그 속에서 아름다움과 투명함, 기쁨의 감정도 함께 느낄 수 있기 때문이다. 특히 사티가 1893년 작곡한 '벡사시옹 Vexations, 1893'에 '840번 반복하며 연주하라'는 지시문을 붙인 것은 미칠 것 같은 사랑의 고통을 반복에 의해 극복해낸 자신의 모습을 보여주려고 한 것인지도 모르겠다.

사티는 "이 곡은 내가 싫어하는 사람들을 위한 것이고, 나는 이 곡에 내가 알고 있는 지루함의 모든 것을 담았다"라고 했다. 사티는 발라동을 너무도 사랑했지만 육체적으로는 소유할 수 없었다. 하지만 그는 음악을 통해 그녀와의 사랑을 완성했고, 자신이 말하고자 하는 바를 표현했다. 사티는 발라동이 음악을 들으며 자신의 고통을 이해하기를 바랐을 것이고, 음악을 통해 자신의 속내를 드러내 보이며 어쩌면 행복해했을지도 모른다. 거창하게 예술적 승화를 했다고 표현하기는 좀 그렇지만… 그로서는 음악을 통해 이루지 못한 사랑을 완성해나갔고 거기서 약간의 희열을 느끼기도 했을 것이다.

하지만 발라동의 경우는 다르다. 고통을 견디기 위해 입에서 술을 떼지 못했던 위트릴로를 그냥 바라볼 수밖에 없었던 쉬잔… 절망과 환멸로 점철된 그녀의 삶… 너무도 힘든 시간이었을 것이다. 그녀는 왜 그처럼 비극적으로 살았을까? 그녀가 그린, 삶의 고뇌가 고스란히 배어 있는 벌거벗은 여인이 바로 그녀 자신의 모습이 아닌가 하는 생각이 든다.

화가들의 아틀리에가 즐비했다는 쥐노 거리, 코르토 거리에서 가까운 아브뢰부아르 거리 2번지에 예쁜 카페가 하나 있다. 아브뢰부아르Abreuvoir는 프랑스어로 '가축이나 새가 물을 마시는 곳'이란 뜻으로 예전에 이 거리에서 말이나 다른 동물들의 물을 마시게 한 데서 거리 이름이 생겨났다고 한다. 분홍색으로 칠해진 이 조그만 카페는 쉬잔 발라동과 그녀의 아들인 위트릴로가 살았던 공간으로 위트릴로는 자신을 화가로 세상에 알린 작품인 '분홍집La maison rose'에 이곳의 모습을 그의 색채로 담아냈다. 작은 테이블이 네 개 정도 놓여 있으며 화려함이라곤 그 어느 곳에서도 찾을 수 없었지만

쉬잔 발라동 Suzanne Valadon

메종 로즈 외관.

메종 로즈 실내 모습. 위 왼쪽은 2층에 있는 작은 다락방 입구. 위 오른쪽은 메종 로즈 외관.

쉬잔 발라동 Suzanne Valadon

1955년 11월 5일 생을 마감한 위트릴로는 라팽 아질 맞은편에 있는 몽마르트르의 생 뱅상 묘지에 묻혀 있다.

쉬잔 발라동 Suzanne Valadon

사람을 끌어들이는 매력적인 곳이었다. 삐그덕거리는 나무 계단을 올라 2층으로 가면 두 개의 테이블과 작은 주방이 있고, 그 위로는 한두 명이 겨우 앉을 만한 작은 다락방이 있다. 가련한 한 여인이 이곳 다락방에서 홀로 하염없이 눈물의 밤을 보냈으리라 생각하니 가슴이 아파왔다.

발라동과 위트릴로는 1831년 1월 5일 문을 연 생 뱅상 묘지에 잠들어 있다. 라팽 아질 맞은편에 있는 이 묘지는 졸라나 드가 등이 잠들어 있는 몽마르트르 묘지보다 규모가 작고 담쟁이덩굴이 있어서인지 안으로 들어가 비석을 보기 전에는 정원 같은 느낌이 들었다. 이곳에 잠들어 있는 발라동에게 묻고 싶었다. 그녀가 진정으로 사랑한 사람은 누구였는지… 누가 위트릴로의 아버지인지도 말이다.

발라동과 위트릴로의 작품이나 삶에 대해 더 자세하게 알고 싶다면 파리에서 자동차로 약 1시간 거리인 사누아 마을에 있는 위트릴로·발라동 미술관에 가면 된다. 1995년 문을 연 이 미술관은 위트릴로와 발라동을 위한 세계 유일한 공간으로 이곳에서는 '사누아의 오래된 풍차들', '사누아 교차로', '코르토 거리의 정원' 등 몽마르트르와 사누아 마을의 일상을 그린 위트릴로와 발라동의 작품을 만날 수 있다. 또한 이곳에는 그들의 삶의 흔적이 그대로 느껴지는 아틀리에와 피아노, 가구 등이 전시되어 있다.

사누아의 위트릴로 · 발라동 미술관.

모리스 위트릴로 Maurice Utrillo

"예술적으로 한번 놀아보자"

라팽 아질
Lapin Agile

모리스 위트릴로 Maurice Utrillo

　10월이면 포도 수확제로 들썩이는 몽마르트르 포도원 앞에 몽마르트르의 심장이라고 할 수 있는 라팽 아질Lapin Agile이 있다. 이곳은 당시 시인과 문인들에게 가장 많은 사랑을 받은 장소 중 하나로, 쉬잔 발라동과 그녀의 아들인 위트릴로의 흔적을 느낄 수 있다. 16세기에는 헨리 4세의 사냥 휴식터였던 이곳은 몽마르트르 포도밭에 터를 잡은 오두막으로 1860년부터 '나의 전원에서 À ma campagne' 로, 그 뒤로는 '암살자의 주점Cabaret des assasins' 으로 불렸다고 한다. 자유로운 방랑시인으로 이곳을 자주 드나든 랭보와 베를렌의 친구인 앙드레 질André Gill이 그린 간판 때문에 이곳의 이름이 '민첩한 토끼' 라는 뜻의 라팽 아질Lapin agile로 바뀌었다. 가수이자 풍자화가인 앙드레 질은 1875년에 풍차 앞에서 포도주 병을 흔들며 냄비에서 뛰쳐나오는 토끼의 모습을 이곳에서 그린 뒤 거기에 자기 이름을 넣어 'Lapin à Gill(혹은 Lapin, A. Gill)' 이라고 사인을 했는데, 그것이 '라팽 아질Lapin Agile' 로 바뀌었다고

모리스 위트릴로 Maurice Utrillo

라팽 아질의 외관.

모리스 위트릴로 Maurice Utrillo

모리스 위트릴로, '라팽 아질', 1920년, 파리, 국립 현대 미술관.

한다.

블레스 상드라르아폴리네르, 막스 자코브, 레제 등과 우정을 나눈 프랑스의 시인이자 소설가, 모험가는 "나는 슬프다네, 나는 슬프네. 잃어버린 나의 젊은 날을 추억하기 위해, 술을 마시기 위해… 나는 라팽 아질로 갈 거라네. 그리고 나는 홀로 되돌아올 거라네"라고 노래한다. 화가와 조각가, 시인 등의 만남의 장소였던 이곳은 지금도 시와 샹송이 흘러넘치는 매력적인 공간으로 사람들에게 감동을 주고 있다.

자유와 사랑을 부르짖었던 보헤미안들이 노래를 부르고 시인은 시를 짓고 화가는 자유로이 그림을 그리며 예술을 이야기했다는 라팽 아질, 이곳은 예술가들의 열정과 광기에 가까운 낭만을 가장 많이 느낄 수 있는 장소였던 것 같다. 몽마르트르 미술관이 있는 코르토 거리를 지나 이어지는 솔 거리와 생 뱅상 거리가 만나는 곳에 자리한 라팽 아질은 오늘도 변함없이 위트릴로의 '라팽 아질' 그림처럼 조용한 모습이었다. 생 뱅상 거리의 모퉁이에 자리한 울타리를 둘러친 테라스는, 구부러진 아카시아 나무 사이로 모습을 드러내며 이곳을 찾는 사람들을 기다리고 있는 듯했다.

낮에도 라팽 아질을 찾는 사람들이 많지만 문은 굳게 닫혀 있었다. 이곳을 찾는 관광객들은 위트릴로가 그린 '라팽 아질' 작품을 감상이라도 하듯

모리스 위트릴로 Maurice Utrillo

몽마르트르 포도 수확제가 열릴 때 라팽 아질 앞에서 포도주를 파는 아저씨.

한참 동안 카페 앞에 서 있거나, 화가들의 추억의 한 페이지를 자신의 추억으로 만들기 위해 카페의 모습을 열심히 카메라에 담았다. 이곳을 몽마르트르에서 추억의 장소이자 불멸의 장소로 만든 사람은 누가 뭐래도 위트릴로일 것이다. 나는 테라스 의자에 앉아 잠시 쉬다가 내부를 들여다보았다. 아무것도 보이지 않았지만 굳게 닫힌 창문 사이로 시와 노래와 유머가 흘러나오는 것 같았다. 열린 창문을 통해서 바라보는 자는 닫힌 창문으로 바라보는 사실들을 결코 발견할 수 없으며, 희미한 불빛이 비치는 닫힌 창문만큼 깊고 신비한 것은 없다고 했던가? 분명 아무것도 보이지 않는 그곳에서 난 여러 모습을 함께 보았다. 정말 흥미롭고도 신나는 경험이었다.

라팽 아질의 한구석에 취기와 외로움으로 비틀거리는 위트릴로가 앉아 있고, 그 곁에 시를 쓰고 있는 아폴리네르를 그리는 마티스의 모습이 보이는 듯했다. 그들은 '시나 화가들의 붓으로 모든 것을 바꿀 수 있다' 느니 '사랑을 향해 떠나는 보헤미안의 행복' 등을 이야기하며 새벽이 밝아올 때까지 시와 예술, 혹은 사랑과 삶에 대해 끝없는 대화를 나누었을 것이다.

라팽 아질 맞은편에 있는 몽마르트르 포도밭에서는 1933년부터 10월 두 번째 토요일에 열리고 있는 '몽마르트르 포도 수확제'로 온통 축제 분위기였다. 파리에 유일하게 남아 있는 이 몽마르트르 포도밭에서 수확한 포도

모리스 위트릴로 Maurice Utrillo

밤 9시부터 새벽 2시까지 예전과 변함없이 시와 샹송, 낭만이 흘러 넘치는 라팽 아질 내부.

로 지금도 포도주를 만들고 있으며 이 맛은 해를 거듭할수록 좋아진다고들 하지만… 이곳 사람들의 말에 의하면 이전의 깊은 맛은 사라진 지 오래라고 한다. 축제가 몽마르트르 포도주의 맛을 세계 최고로 만드는 건 아닐까 싶다.

라팽 아질에서는 몽마르트르의 다른 곳에서는 느낄 수 없는 색다름이 느껴진다. '술렁거림' '낭만' '취기' 라는 말이 가장 잘 어울리는 듯하다. 보들레르의 글귀처럼 우리도 일상의 권태로움에서 벗어나기 위해서는 어디엔가 취해야 한다. 스트레스에서 벗어나기 위해, 시간에 얽매인 종이 되지 않기 위해 우리는 취해 있어야 한다.

" 항상 취해 있어야 합니다. 중요한 것은 바로 거기에 있습니다. 취하는 일이야말로 당신의 어깨를 짓누르는, 당신의 허리를 땅으로 굽게 하는 무거운 시간의 중압감을 느끼지 않는 유일한 방법입니다. 쉬지 않고 취해야 합니다. 무엇으로? 술이나 시 혹은 도덕, 당신 마음대로, 하여간 취하십시오. 그래서 당신이 때로는 고궁의 계단이나 도랑의 푸른 잔디 위에서, 또는 당신 방의 삭막한 고독 속에서 취기가 약해졌든가, 아주 가버린 상태에서 깨어난다면 물어보십시오. 바람에게, 물결에게, 별에게, 새에게, 벽시계에

모리스 위트릴로 Maurice Utrillo

19세기 말 라팽 아질의 모습.

게, 달아나는 모든 것, 탄식하는 모든 것, 구르는 모든 것, 노래하는 모든 것, 말하는 모든 것에게 물어보십시오, 지금이 몇 시냐고 말입니다. 그러면 바람은, 별은, 새는 벽시계는 대답할 것입니다." "이제 취할 시간입니다. 박해당하는 시간의 노예가 되지 않기 위해서는 끊임없이 취하십시오. 술이든, 시든, 덕이든, 아무것이든 당신 마음대로 취하십시오."

취기에 젖은 예술가와 시… 라팽 아질은 이런 것들과 너무도 잘 어울린다. 하지만 그들이 추구한 취기는 술이나 마약에 의한 순간적인 황홀경이 아니라 우리 삶에 빛과 희망을 주는 진정한 도취의 경지였다. 아마도 그들은 술에서 깨어난 뒤에 오는 허무감에 환멸을 느끼고 싶지 않았을 것이다. 진정한 시인만이 도달할 수 있는 도취와 환각 속의 거짓 도취를 구별하고자 했던 것 같지만, 그것은 생각일 뿐 그들은 그곳에서 항상 술에 취해 있었다. 시적 영감을 얻기 위해서였는지, 다시 고독의 거리로 내몰리는 것이 두려워서였는지는 알 수 없다. 술을 경계하면서도 놓지 못한 것은 현실의 고통을 잠시라도 잊고 싶어서였을 것이다. 어쨌든 술은 현실을 조금은 낙관적으로 보게 하는 힘이 있기는 한가보다. 아폴리네르도 이곳 포도밭을 바라보며 '포도월 Vendémiaire'이라는 시를 쓰지 않았을까 싶다. 이 시를 읽다보

'세탁선'의 모습.
1890~1920년 몽마르트르의 예술과 문학의 메카이다. 피카소, 모딜리아니, 아폴리네르 등이 예술 활동을 했으며, 입체파의 서막이라고 할 수 있는 피카소의 '아비뇽의 처녀들 Demoiselles d'Avignon, 1907년'도 이곳에서 그려졌다. 이곳의 이름은 센 강을 오가는 세탁선 Bateau lavoir과 비슷하다는 뜻에서 시인 막스 자코브가 지었다. 1970년 5월 12일 갑작스러운 화재로 사라진 이곳은 1978년에 재건되었다.

모리스 위트릴로 Maurice Utrillo

면 새벽까지 라팽 아질에서 자리를 지켰던 그들의 모습이 떠오른다. 세탁선에서 그림을 그리던 피카소와 모딜리아니도 이곳에 앉아 서로에게 위안을 얻거나 자극을 받기도 하며 예술세계를 발전시켰으리라.

...

너희를 닮고 우리를 닮은 세계들

나는 너희를 마셨어도 갈증이

채워지지 않았노라.

하나 그때부터 나는 알았네.

우주가 무슨 맛인지

물결이 흘러가고 너벅선들이 잠들어 있는 강변에서

모든 우주를 마신 탓에 전신에 취기가 도네.

나에게 귀를 기울이시오. 나는 파리의 목청이니

마음이 내키면 또다시 우주를 마시리라.

내 만유명정의 노래를 들어주오.

9월의 밤이 서서히 다 지나가고
다리의 붉은 가로등이 센 강으로 꺼져갔네.

별이 사그라지고 이제 막 날이 밝아왔네.

아폴리네르의 '포도월 Vendémiaire' 중에서

 라팽 아질이 매일 밤 9시부터 새벽 2시까지만 문을 열어서 낮 모습만 보는 것으로 만족하자고 마음먹었는데, 자꾸 내부를 보고 싶은 마음에 자리에 누워도 잠이 오지 않았다. 난 자리에서 일어나 용기를 내어 발걸음을 옮겼다. 밤의 몽마르트르는 낮과는 사뭇 다른 느낌이었다. 당시 비난과 함께 손가락질까지 받았던 화가들이 고통을 토로하기 위해 만났던 라팽 아질의 밤 모습은 어떻게 변했을까? 환락가로 전락한 몽마르트르의 밤거리에 실망하며 몽마르트르 언덕을 지나 라팽 아질에 이르렀다. 위트릴로와 발라동의 사진에서 본 라팽 아질의 내부를 떠올리며 카페 안으로 들어섰다. 벽에 걸

모리스 위트릴로 Maurice Utrillo

입장료를 내면 첫잔에 한해 무료로 제공되는 음료.

모리스 위트릴로 Maurice Utrillo

린 그림들 하며 램프, 탁자 등 사진에서 보던 모습과 크게 달라진 게 없었다. 예전의 모습을 고스란히 간직하고 있는 것이 놀라웠다. 아마도 이곳에 머무르던 화가나 시인, 작가를 추억하기 위해 옛 모습을 간직해놓은 게 아닐까 싶었다. 이곳은 1905년 브뤼앙이 사들인 이후 프레데릭 제라르의 아들 파올로가 주인이 되었고 그의 두 아들 이브와 마리아 마티유가 그 뒤를 이어받아 전통을 이어나가고 있다. 2004년 생을 마감한 클로드 누갈로가 '라팽 아질은 영원의 금고 Le Lapin agile, c'est le coffre-fort de l'éternité' 라고 말했듯이, 이곳은 시간이 멈춘 듯 예전의 모습을 그대로 간직하고 있다. 이것이 바로 라팽 아질의 매력인 듯싶다.

입장료는 24유로이다. 학생(26세 미만)은 17유로로 할인되지만 토요일이나 공휴일에는 할인이 되지 않는다. 음료가 제공되는데, 첫 잔은 무료이고 더 마시고 싶으면 알코올 음료는 7유로를, 알코올이 없는 음료는 6유로를 내야 한다. 술은 아주 작은 잔에 포도 알이나 버찌 알을 네댓 개 담아 내오는데, 나는 술을 마시지 않아 맛을 보지는 못했다. 나와 함께 간 사람들은 달콤하고 향이 좋다고 몇 잔을 더 주문했다. 이곳에 머무르던 화가나 시인들은 이런 달콤한 술보다는 보들레르, 말라르메, 랭보, 로트렉 등에게 작품의 소재로 많은 사랑을 받은 '압생트'를 마시지 않았을까 싶다. 당시 싸고

모리스 위트릴로 Maurice Utrillo

사진 촬영이 금지된 라팽 아질이지만, 부탁을 했더니 이 여인은 흔쾌히 포즈를 취해주었으며 노래 실력도 대단했다.

독특한 향을 지닌 이 술을 소재로 한 드가나 고흐의 작품과 72도나 되는 이 술의 엄청난 판매량과 금지령을 둘러싼 여러 이야기에 대해 생각하고 있는데 갑자기 노랫소리가 들려왔다. 가수 몇 명이 우리 테이블로 와서 연주를 하며 신나게 노래를 부르는 게 아닌가! 이곳을 찾는 동양인이 흔하지 않아서였을까? 깜짝 놀라긴 했지만 무척 기분 좋은 밤이었다.

가운데에 놓인 탁자에 둘러앉아 노래를 부르는 10여 명의 가수들의 눈길에서 라팽 아질에 대한 사랑이 느껴졌다. 이곳은 우리에게도 잘 알려진 가수들이 데뷔한 무대라고 한다. 그들은 우리 쪽을 계속 바라보며 노래를 불렀는데, 아는 샹송도 몇 곡 있어서 무척 흥겨웠다. 그들은 열정적으로 피아노를 치고 노래를 불렀는데, 마치 이곳의 주인이던 프레데릭 제라르가 기타를 치며 흥을 돋우는 것 같은 착각이 들었다.

당시 친구들 사이에서 '프레데'로 불렸던 프레데릭 제라르는 라팽 아질을 더욱 낭만이 넘치는 장소로 만들었다. 그는 특이한 복장에 기타를 들고서는 "예술적으로 한번 놀아보자"라고 소리치며 절망적이고 고통스러운 예술가들의 삶에 희망의 빛과 즐거움을 주었다. 마치 지금도 그가 기타를 치고 있으며 그의 아내는 옆에 앉아 손님들에게 맛있는 음식을 대접하고, 피카소는 그림을 그리고 아폴리네르는 시를 쓰고 있는 것만 같았다. 피카소는 이곳 주인인 프레데의 딸의 모습을 그렸고, 이곳에서 아폴리네르에게 마리 로랑생을 소개해주었다. 아폴리네르는 로랑생과 헤어진 후 이별의 아픔을 '미라보 다리'에 담아냈다.

미라보 다리 Le Pont Mirabeau

미라보 다리 아래 센 강은 흐르고
우리네 사랑도 흘러내린다.
내 마음속에 깊이 아로새기리라,
기쁨은 언제나 괴로움에 이어옴을.

밤이여 오라 종아 울려라.
세월은 가고 나는 머문다.

손에 손을 맞잡고 얼굴을 마주 보면
우리네 팔 아래 다리 밑으로
영원의 눈길을 한 지친 물살이

모리스 위트릴로 Maurice Utrillo

저렇듯이 천천히 흘러내린다.

밤이여 오라 종아 울려라.

세월은 가고 나는 머문다.

사랑은 흘러간다. 이 물결처럼,

우리네 사랑도 흘러만 간다.

어쩌면 삶이란 이다지도 지루한가.

희망이란 왜 이렇게 격렬한가.

밤이여 오라 종아 울려라.

세월은 가고 나는 머문다.

나날은 흘러가고 달도 흐르고

지나간 세월이,

우리네 사랑이 오지 않는데

미라보 다리 아래 센 강이 흐른다.

모리스 위트릴로 Maurice Utrillo

솔 거리에 있는 라팽 아질. 간판의 글만 봐도 내 귓가에는 샹송이 들려오고 이곳의 낭만이 가슴으로 전해지는 듯하다.

모리스 위트릴로 Maurice Utrillo

밤이여 오라 좋아 울려라.

세월은 가고 나는 남는다.

　기타 소리와 노랫소리는 여전히 이곳에 있는 사람들의 손과 입을 통해 들려왔다. 그들의 노래는 귀로 들리는 것이 아니라 가슴으로 전해졌다. 이곳에 오길 참 잘했다는 생각이 들었다. 시와 샹송을 따라 부르며 낭만적인 추억의 시간을 갖고자 하는 사람들에게 이곳을 권하고 싶다. 샹송을 몰라도 프랑스어를 몰라도 그 분위기에서 여유로움과 낭만을 느낄 수 있었다.

　하지만 이 글을 읽는 모두가 이 공간에 매료되지는 않을 것이다. 나와 함께 간 사람들 중에는 이곳의 분위기를 그리 좋아하지 않는 사람도 있었으니 말이다. 너무 공간이 좁고 어둠침침하다나… 하지만 시나 문학을 알고 사랑의 아스라한 아픔을 경험했거나 화가의 삶을 추억하고자 하는 사람이라면 누구나 들러 이곳을 사랑한 이들의 숨결을, 그들의 심장 소리를 느끼며 멋진 시간을 가질 수 있을 것이다. 나 역시 또 파리에 들른다면 몽마르트르의 심장 소리를 듣기 위해 이곳을 다시 찾을 것이다.

툴루즈 로트렉 Toulouse Lautrec

"라 굴뤼! 더 높이, 더 멀리!"

물랭 루즈
Moulin Rouge

툴루즈 로트렉 Toulouse Lautrec

몽마르트르와 가장 깊은 관련이 있는 화가 한 사람을 꼽으라면 단연 앙리 드 툴루즈 로트렉일 것이다. 그는 1886년에서 1897년까지 몽마르트르와 함께 호흡한 진정한 몽마르트르의 화가로, 몽마르트르 언덕의 카페나 카바레에서 술을 마시며 무희들의 모습을 광기에 가까운 열정으로 그려나갔다. 로트렉의 많은 작품에서 당시의 화려함과 슬픔, 아름다움과 추함이 공존하는 몽마르트르 밤거리의 모습을 볼 수 있다.

몽마르트르 언덕을 오르기 위해 지하철에서 내리면 몽마르트르 언덕으로 오르는 첫 번째 교차로인 블랑슈 광장이 모습을 드러낸다. 1785년부터 1790년까지 이곳에는 블랑슈 울타리가 있었고, 그 당시만 해도 파리 외곽인 몽마르트르로 가기 위해서는 이곳을 통과해야 했다. 많은 예술가와 유희의 장소를 찾는 사람들이 이곳에서 바쁘게 걸음을 옮겼을 것이다. 광장 앞에는 19세기 말 화가들에 의해 몽마르트르의 상징이 된 물랭 루즈의 붉은 풍차가 우뚝 서 있다. 몽마르트르에 대해 잔뜩 기대하고 이 거리에 서면 소란스러움과 함께 성을 상품화하는 모습, 쓸쓸한 환락가로 변해버린 모습에 실망하기 쉽다. 낭만과 예술이 흐르는 거리를 기대했던 나도 이곳을 처음 찾았을 때 이런 낯선 모습에 아뜩한 기분까지 들었던 기억이 난다.

1860년 파리의 구는 12개에서 16개로 늘어나고 파리 외곽이던 몽마르트르가 파리에 포함되었다. 조세프 올레와 샤를 지들러는 1889년 10월 6일에 몽마르트르의 상징이 될 만한 세계적인 장소의 문을 열었다. 이곳이 바로 그 유명한 '물랭 루즈'이다. 이날, 몽마르트르 언덕 아래에 있는 이곳은 축제 분위기로 들떴을 것이다. 거대한 코끼리 상으로 장식한 정원, 거울로 둘러싼 실내, 대단한 소음, 춤을 추는 화려한 무희들을 보거나 당나귀 위에 한번 앉아보기 위해 너나없이 블랑슈 광장으로 몰려들어 즐거운 한때를 보냈을 것이다.

수염 허연 피사로 곁에는 반 고흐가 한자리를 차지하고 앉아 있었을 것이다. 점묘화가 조르주 쇠라와 모네도 함께했을 것이다. 이곳에 로트렉이 빠질 수 없다. 그는 드가에게 뭐라고 쉴 새 없이 말하며 술을 권했으리라. 그들은 이곳에서 삶의 리듬을 찾았을 것이며, 그들이 앉은 테이블 주위로

툴루즈 로트렉 Toulouse Lautrec

물랭 루즈 1889년 모습.

는 번뜩이는 아이디어와 미학적 움직임이 꿈틀거렸을 것이다.

  내가 잘못 기억하고 있는지는 모르겠지만, 물랭 루즈의 호화스러운 쇼를 소개하는 간판을 보면 항상 'F'로 시작된다. 몇 년 전에 갔을 때는 Frissons 전율이었고 그 다음엔 Formidable 놀라운, Follement 대단히였고 이번에는 Féerie 장관, 환상적인 모습라는 간판이 나의 눈길을 자극했다. 다른 단어도 많을 텐데 굳이 'F'로 시작하는 것이 궁금해서 물랭 루즈 직원에게 물었더니 이곳을 불멸의 장소로 만든 로트렉이나 라 굴뤼, 잔 아브릴, 장 가뱅, 발랑탱 등에게 경의를 표하기 위해서라고 했다. 물음에 대한 답이 아니라서 다시 한 번 물었더니 우연일 거라며 잘 모르겠다고 했다. 혹시 프랑스France에서 가장 멋진 쇼를 볼 수 있다는 걸 나타내기 위해 F로 시작하는 단어를 쓰는 게 아닐까 싶었다. 사소한 일이지만 궁금한 마음에 다음에는 꼭 그 이유를 다시 물어봐야겠다.

  물랭 루즈와 툴루즈 로트렉은 둘이 아니다. 어느 하나가 다른 하나를 나타내는 것이 아니라 이 둘은 하나란 생각이 든다. 물랭 루즈로 들어가는 입구에는 춤을 추는 무희들의 모습을 그린 로트렉의 그림이 걸려 있었다. 귀스타브 코기오 역시 로트렉의 그림이 물랭 루즈에 걸려 있는 것을 보고 다음과 같이 회상했다.

툴루즈 로트렉 Toulouse Lautrec

툴루즈 로트렉, '물랭 루즈에서', 1892년, 시카고 미술 연구소.
이 그림 뒤쪽에는 로트렉과 그의 사촌 타비에르 셀레이랑, 붉은 머리를 손질하는 라 굴뤼의 모습이 보인다.

어느 날 물랭 루즈에 들렀을 때 로트렉의 작품을 보고 매우 놀란 적이 있다. 지금 기억하기로는 특이한 그의 그림 두 점이 계단에 걸려 있었다. 나는 평생 그 그림들을 잊지 못할 것이다. 그것들은 아주 새롭고도 이상했다.

귀스타브 코키오

홀 안에는 '페르난도 서커스에서, 여자 곡마사'와 그 외 몇 개의 로트렉 작품이 걸려 있었다. 물론 원본은 다 오르세 미술관이나 로트렉의 고향인 알비 로트렉 미술관에 보관 중이고 복사본이기는 하지만 이 그림만으로도 로트렉을 추억할 수 있어서 좋았다.

물랭 루즈가 만들어내는 실루엣만큼이나 강렬하게 로트렉을 유혹하는 것은 없었다. 시나 문학, 작가들의 토론 등은 그의 관심사 밖이었다. 그는 술집이나 사창가의 어두운 곳에 시선을 고정했고, 그 속에 숨겨진 삶의 모습을 예술적인 정열로 아름답게 승화시켜나갔다. 그는 추한 모습을 그대로 드러낸 것이 아니라 추함에서 아름다움을 발견했다.

로트렉은 1864년 11월 24일 알비 최고의 명문가인 알퐁소 드 툴루즈 백작의 장남으로 태어났다. 온 집안의 기대를 한 몸에 받게 되지만, 집안의 '작은 보석'으로 불리던 로트렉에게 불행이 찾아왔다. 그때 로트렉의 나이는 13살이었다. 의자에서 넘어져 골절상을 입은 다음해에 어머니와 산책을 하다 웅덩이에 빠져서 오른쪽 다리의 대퇴골이 부러졌던 것이다. 그때부터 성장이 멈추게 되고 입술과 코는 비정상적으로 부풀어 올랐다. 명문가문의 장손인 툴루즈 로트렉은 152센티미터의 작은 키에 머리가 크고 코가 유난히 큰 난장이였다. 당당한 후계자를 원했던 툴루즈 로트렉 백작은 병약한 로트렉을 아들로 인정하지 않았다.

아버지의 낙담, 자신의 환경과 지위에 어울리지 않는 신체적 결함, 그로 인한 아버지와 어머니의 불화… 로트렉에게 이 모든 것을 잊기 위한 탈출구는 오로지 예술뿐이었다. 몽마르트르를 발견하면서 그의 인생은 변하기 시작했다. 로트렉은 물랭 루즈와 몽마르트르의 이곳저곳을 드나들면서 무희들의 강렬한 움직임을 탐욕스럽게 그려나갔다. 어쩌면 로트렉이 자신의 신체적인 열등감을 그림으로 표출해낸 게 아닌가 싶었다. 그는 자신이 가질 수 없는 아름다움, 결코 만들어낼 수 없는 격렬한 움직임을 외부에서 찾았다. 빠른 손놀림으로 무희들의 동작을 거의 본능적으로 그려나가며 그들의 삶에 서려 있는 슬픔을 하늘 높이 날려보냈고, 그들의 비밀스러운 삶을 폭로했다. 날카롭고 힘이 넘치는 그의 데생은 순간의 동작을 놓치지 않으려는 그의 마음의 표현이었는지도 모르겠다.

1889년 이래로 지금까지 블랑슈 광장을 마주하면서 낮에는 붉은 풍차로, 밤에는 화려한 쇼로 사람들의 시선을 자극하고 있는 물랭 루즈는 툴루즈 로트렉의 포스터로 더욱 유명해진 세계 최고의 카바레이다. 지금도 '더 높이 라 굴뤼! 더 멀리' 라고 외치는 소리와 함께 존재의 무거움을 잠시 잊은 채 황홀한 표정으로 들떠 열광하는 사람들의 박수 소리가 들리는 듯하다. 120여 년 동안 변함없이 사랑받고 있는 이곳은 로트렉 그림에 자주 등장하는 라 굴뤼나 발랑탱 도로세, 프랭크 시네트라, 장 가뱅, 이브 몽탕, 에디트 피아프 등 수많은 가수와 무희가 스쳐간 장소이기도 하다. 카드리유를 추는 라 굴뤼와 발랑탱을 보기 위해 매일 밤이면 귀족에서부터 화가, 비평가 등 사람들이 무리를 지어 이 유희의 장소로 습관처럼 몰려들었다. 레옹 아돌트 빌레트가 장식한 물랭 루즈 건물 위의 붉은 풍차는 오늘도 변함없이 클리시 가의 하늘을 선회하며 사람들을 쾌락의 장소로 이끌고 있다.

당시 소박한 무도회장인 렌 블랑슈 자리에 물랭 루즈를 만든 샤를 지들러와 조세프 올레는 실내에 로트렉 등 여러 화가의 작품을 걸어두었으며 발랑탱의 지도를 받은 무희의 화려한 춤과 술, 먹을거리를 그리 비싸지 않은 가격에 제공하는 이곳이 최고의 댄스홀이 될 것이라 확신했다. 하지만 손님이 많지 않았고, 불안해진 지들러 사장이 어느 날 로트렉에게 고민을

툴루즈 로트렉 Toulouse Lautrec

로트렉이 디자인한 라 굴뤼와 춤동작이 강조된 포스터, 1891년, 알비 로트렉 미술관.
포스터는 이미지와 문자가 결합된 텍스트이자 예술작품이었다.
예술작품을 감상할 기회가 없었던 파리 노동자들은 길거리나 카페에 붙어 있는 포스터를 보며 '문화'를 느끼고 향유했다.

토로하게 된다. 로트렉은 포스터는 누구나 볼 수 있도록 곳곳에 뿌려야 하고, 쉽게 흥미를 끌어야 한다고 충고해준다. 물랭 루즈의 첫 포스터는 그 당시 대중적 사랑을 받던 쥘 셰레가 제작했는데, 사람들의 반응이 그리 좋지 않았다. 로트렉은 당나귀에 앉아 미소 짓는 무희의 모습을 디자인한 쥘 셰레와는 다른 그만의 색다른 포스터를 제작하기 위해 세심한 노력을 기울였다. 그는 포스터를 위해 존재하는 사람처럼 이 일에 전념했다.

로트렉은 포스터에서 과도한 장식을 없애고 구경꾼은 검게 처리하면서 발랑탱의 실루엣 뒤로 라 굴뤼의 힘찬 춤동작을 강조했다. 인상적인 색채와 날카로운 실루엣으로 묘사된 로트렉의 포스터는 광고탑이나 공공장소 등 파리 전역에 뿌려졌고, 물랭 루즈는 대성공을 거두게 된다. 벽에 포스터가 붙자마자 대단한 센세이션을 일으켰고, 사람들은 그걸 떼어가려고 한동안 혈안이 되었다고 한다. 포스터는 이미지와 문자가 결합된 텍스트이자 예술작품으로, 예술작품을 감상할 기회가 없었던 파리 노동자들은 길거리나 카페에 붙어 있는 포스터를 보며 '문화'를 느끼고 향유했다. 그 뒤로 사람들은 '로트렉'이란 화가를 거론하기 시작했다. 그가 명성을 얻게 되었던 것이다. 로트렉은 물랭 루즈가 만들어내는 실루엣에 강렬하게 이끌렸다. 그는 작업을 하기 위해, 고통을 잊기 위해 매일 무도회장을 찾았다. 무희들의 높이 뛰어오르는 모습을 바라보며 로트렉은 자신의 절망과 삶의 무게를 몽마르트르의 풍차가 돌고 있는 하늘 위로 날려보냈을 것이다.

로트렉은 물랭 루즈에서 가장 열광적인 관중이 되어 무희들의 육체를 탐욕스럽게 그려나갔다. 하지만 깊은 밤이 되면 어김없이 공연은 끝이 났고 그는 달랠 길 없는 허기를 참으며 고요한 몽마르트르 거리를 쏘다녔다. 그에게는 그런 밤이 가장 고통스러웠다. 콩스탕스 거리에 있는 쓸쓸한 아틀리에로 돌아가기 전 그는 친구들에게 술을 권했고, 혼자 여기저기를 배회했으리라. 그에게 술은 쾌락을 찾기 위한 것이 아니라 절망과 분노를 내뿜기 위한 수단이었다. 로트렉은 몽마르트르의 밤거리를 전전하며, 무희들의 화려함 뒤에 숨겨진 비애를 격렬하게 그려나가며 자신의 육체에 대한 절망감을 표출했던 것이 아닐까? 그가 느꼈을 허기와 절망, 극한 외로움을 떠올리니 눈물이 내 눈에 가득 고였다.

밤이 깊어지면 사람들은 오늘날도 여전히 물랭 루즈로 발길을 옮긴다. 저녁 식사와 함께 샴페인을 포함한 쇼 관람은 세 부분으로 나눠지는데, 프렌치 캉캉 공연은 145유로, 툴루즈 로트렉 공연은 160유로, 벨 에포크 공연은 175유로로 저녁 7시에 시작되어 9시에 물랭 루즈 쇼까지 볼 수 있다. 메뉴 이름에도 로트렉이란 말이 붙은 걸 보면 로트렉이 이곳과 얼마나 깊은 관련이 있는지 짐작할 수 있었다.

이곳 무희들은 체중이 줄든 늘든 변화가 있을 경우 해고된다고 쓰인 고용계약서에 서명을 해야 한다. 1968년 프랑스 여성운동가들은 카바레에서 여성들의 성을 상품화한다고 주장했지만, 외국인 관광객들 덕분에 이곳은 여전히 호황을 누리고 있다. 무대를 가득 메운 100여 명의 무희들이 1000벌이 넘는 화려한 옷을 갈아입으며 펼치는 쇼를 보고 있노라면 그 대단한 몸놀림에 절로 감탄할 것이다. 캉캉춤은 몸매만 뛰어나다고 출 수 있는 것이 아니라 상당한 훈련이 필요한 춤이라고 한다. 외국 관광객들로 술렁이는 지금의 물랭 루즈의 모습이 그리 흡족하지는 않더라도, 이곳에서 '카드리유'라는 독특한 춤을 유행시킨 라 굴뤼를 모델로 한 로트렉의 그림들과 그의 삶, 화가들이 그려냈던 그 당시 밤거리의 모습을 추억할 수 있을 것이다.

몽마르트르에서 살았던 로트렉의 작품은 대부분 오르세 미술관에서 감상할 수 있다. 빅토르 라루 Victor Laloux가 설계한 오르세 역을 개조해서 만든 이 미술관에는 1848년부터 1914년까지의 세계 걸작품들이 전시되어 있다. 높은 천창을 통해 빛이 비치는 이곳 오르세 미술관에서 로트렉의 대형 작품들을 감상하노라면 그가 그림에 쏟아 부은 열정을 느낄 수 있다. 시간이 허락한다면 로트렉이 어린 시절을 보낸 알비에 있는 로트렉 미술관에 가

툴루즈 로트렉 Toulouse Lautrec

알비에 있는 로트렉 미술관 내부.

보기를 권한다. 그곳에 가면 로트렉의 작품을 다양한 각도에서 감상할 수 있고, 로트렉이 치열하게 살다 간 몽마르트르라는 공간으로 한걸음 더 다가갈 수 있을 것이다.

하지만 가는 길이 그리 간단하지만은 않다. 우선 파리에서 툴루즈로 가야 하는데, 이 노선의 TGV는 그리 많지 않고 빠르지도 않기 때문이다. 거기서 다시 기차를 타고 한 시간 가량을 가면 알비 역이 모습을 드러낸다. 너무도 예쁘고 조용한 마을 알비, 이곳 사람들은 유쾌하며 친절하다. 역에서 나와 관광안내소를 찾는데, 지나가던 노부부가 대성당을 가리키며 그 옆에 관광안내소와 알비 미술관이 있으며 걸어서 10분 정도면 갈 수 있다고 알려주었다. 언뜻 보니 아주 가까이 있는 것 같아서 대성당을 향해 걷기 시작했다.

하지만 날씨가 더워선지 아니면 지름길로 가지 않아선지 모르겠지만 대성당은 계속 내 눈앞에 있는데 거리가 좁혀지지 않았다. 우리네 시골사람들처럼 이곳 시골사람들도 건강하고 빠른 발을 가진 것 같았다. 조급한 마음을 버리고 내가 찾아온 곳은 로트렉 미술관이 아니라 로트렉의 고향인 알비라고 생각해보았다. 그랬더니 주위의 모든 모습이 내게 의미 있게 다가왔다. 로트렉의 그림 전체에 흐르는 강렬한 붉은빛의 원천은 바로 이곳

알비라는 생각이 들었다. 알비 전체에 감도는 붉은빛과 하늘의 푸른빛을 보니 로트렉이 한 말이 떠올랐다.

"삶은 충분히 슬픕니다. 그래서 그것을 사랑스럽고 즐겁게 나타내야 하지요. 그것을 그리기 위해서 푸른색과 붉은색 물감이 있는 것입니다."

여름의 강렬한 태양빛을 반사하는 오래된 붉은 벽돌 건물 사이를 걷다보니 어느새 대성당이 내 앞에 모습을 드러냈다. 고딕 양식의 걸작인 생트 세실 대성당의 모습이 무척 반가웠다. 조금 전 노부부가 알려준 대로 대성당 바로 옆에는 로트렉 미술관과 알비 관광 안내소가 자리하고 있었다. 미술관으로 착각할 만큼 예쁜 모습의 관광 안내소가 관광객을 친절하게 맞이해서 한층 기분이 좋았다. 안내소에 가서 로트렉 생가며 로트렉 미술관에 대해 몇 가지 물어보고 나오는데, 안내소 직원이 한국 사람은 지금껏 10명도 다녀가지 않았다고 했다. 로트렉이 고흐나 모네, 세잔만큼 사랑받지 못해서일 수도 있고, 또 찾아오기가 쉽지 않아서일 수도 있지만, 이곳에는 시간을 투자할 만하다는 생각이 들었다.

툴루즈 로트렉 Toulouse Lautrec

로트렉 미술관 입구의 벽에는 로트렉의 그림이 그려져 있었다. 예쁜 붉은 벽돌로 지은 미술관 안에는 로트렉의 많은 그림과 그의 그림만큼이나 사랑받는 물랭 루즈나 예술가들의 집합소였던 샤 누아르 등에서 당시 노동자들의 삶을 노래한 아리스티드 브뤼앙의 포스터들이 전시되어 있었다. 미술관은 1901년 로트렉이 서른일곱의 나이로 짧은 생을 마감한 후 정신적·경제적 지주였던 그의 어머니가 로트렉의 작품을 모아 기증한 곳이다. 1922년 개관된 알비 로트렉 미술관에서는 예술적인 정열로 우리 삶의 어두운 부분을 아름답게 묘사해낸 로트렉의 많은 작품을 만날 수 있었다. 로트렉 미술관이며 로트렉의 그림을 그려놓은 골목길, 유유히 흐르는 타른 강에 놓인 아름다운 아치형 다리 위를 한참 동안 걸으니 음울한 분위기의 붉은빛이 감도는 알비와 로트렉의 삶과 무척 닮았다는 생각이 들었다.

알비 관광 안내소 및 로트렉 미술관 입구.

오귀스트 르누아르 Auguste Renoir

"내게 그림이란 소중하고 아름다운 것이다"

물랭 드 라 갈레트

Moulin de la Galette

오귀스트 르누아르 Auguste Renoir

몽마르트르의 모든 곳은 화가를 위해 존재했다. 물랭 드 라 갈레트는 더욱 그러했다. 르누아르가 이곳을 그렸고, 고흐와 로트렉, 위트릴로, 그리고 피카소가 이곳을 그림에 담았다. 내 발길은 어느새 구불구불한 골목길로 이어진 몽마르트르의 언덕을 올라 거의 꼭대기에 있는 물랭 드 라 갈레트로 향하고 있었다. 물랭 드 라 갈레트는 지라동 거리와 르픽 거리가 만나는 곳에 위치한다.

당시 파리 교외 지역이던 몽마르트르는 오스만 남작에 의해 이루어진 도시 재건축의 영향을 그리 많이 받지 않았다. 14개의 풍차와 포도밭, 농가로 덮인 한가로운 농촌 마을이던 이곳 몽마르트르에서는 파리 시내로 포도를 공급했다. 화가들은 자신과 같은 생각을 가진 친구들을 만나기 위해, 혹은 카페에서 노동 후 피로를 달래는 노동자의 모습을 담기 위해 아름다운 시골 풍광이 아직 남아 있는 이곳으로 몰려들었던 건 아닐까. 물랭 드 라 갈레

오귀스트 르누아르 Auguste Renoir

물랭 드 라 갈레트 테라스의 모습.

오귀스트 르누아르 Auguste Renoir

반 고흐, '물랭 드 라 갈레트', 1887년, 피츠버그 카네기 미술관.

트에는 두 개의 풍차와 한 개의 포도밭만이 남아 있었다. 화가들의 작품에 자주 등장하고 그림 속 사람들이 춤을 추던 정원은 세월과 함께 사라지고, 지금은 레스토랑이 되어 이곳을 추억하려는 사람들을 맞고 있었다. 르누아르의 그림처럼 나무가 무성하지도, 정원이 크지도 않았다. 그래도 예쁜 테라스에 앉아서, 드레스를 한껏 자랑하기 위해 또는 폴카 춤을 추기 위해 몰래 집을 빠져나왔던 당시 소녀들의 설렘을 되새기며 행복한 한때를 보내는 것도 좋으리라.

화가들의 작품 속에서는 과거 몽마르트르의 모습을 엿볼 수 있다. 고흐가 그린 '물랭 드 라 갈레트'에는 도시화되지 않은 전원적인 몽마르트르의 풍경이 고스란히 녹아 있다. 이전에 탈곡장으로 쓰이던 곳을 댄스 홀로 개조한 물랭 드 라 갈레트는 파리지앵의 인기를 독차지한 마지막 남은 시골풍의 무도회장으로, 화가들이 자주 드나들었다. 주말이 되면 부르주아와 노동자들은 춤추러 오는 아가씨들을 만나기 위해 언덕을 올라 이곳에 찾아왔다. 로트렉이나 르누아르를 포함해 이곳의 단골손님들과 라 굴뤼와 같은 무희들은 그들과 어울려 춤을 추었다. 나중에 물랭 루즈 최고의 인기 스타가 된 라 굴뤼가 14살의 나이로 무희의 직업을 시작한 곳도, 그녀가 르누아르와 여러 화가를 만난 곳도 바로 이곳이다.

오귀스트 르누아르 Auguste Renoir

오귀스트 르누아르, '물랭 드 라 갈레트에서의 무도회', 1876년, 파리, 오르세 미술관

오귀스트 르누아르 Auguste Renoir

이곳을 가장 유명하게 만든 사람은 누가 뭐라 해도 르누아르일 것이다. 우울한 그림은 그린 적이 없는 그답게 이곳에 모인 사람들의 모습을 아름답고 경쾌하게 화폭에 담았다. 그는 "그림이란 소중하고 즐겁고 아름다운 것이다. 그림은 아름다운 것이 되어야 한다"라고 말했다. 그의 말처럼 르누아르가 그려낸 물랭 드 라 갈레트에서는 어둡고 음산한 분위기는 찾아볼 수 없이 경쾌하고 밝다. 르누아르는 이곳에 자주 드나들던 친구들과 춤을 추러 온 여자들의 움직임을 더 섬세하게 그려내기 위해 물랭 드 라 갈레트에서 그리 멀지 않은 코르토 거리에 아틀리에를 얻어 1년 넘게 작업을 했다. 귀스타브 제푸르아는 르누아르의 이 작품에 대해 다음과 같이 말했다.

"물랭 드 라 갈레트에서의 무도회는 생생한 관찰력과 빛의 효과가 완벽하게 압축된 작품이다. 춤과 소란스러움, 햇살과 야외 무도회장의 흙먼지에 도취된 흥분한 얼굴들, 자유로운 포즈, 분홍·청색·검정색으로 포착된 소용돌이치는 드레스에서 배어나는 리듬감, 열정적인 움직임, 드리워진 그림자, 흐르는 듯한 열기, 즐거움과 권태로움 등이 혼합돼 있다. 또한 섬세한 표정에 갖가지 손 모양을 하고 느긋한 태도를 보이거나, 열정을 불살라버린 듯한 무도회의 가엾은 여주인공들에게선 희망과 도취감, 절망적인 무료함이 엿보인다."

오귀스트 르누아르 Auguste Renoir

로트렉, '물랭 드 라 갈레트에서', 1889년, 시카고 미술 연구소.

우리에게는 그리 알려져 있지 않지만 로트렉도 이곳을 소재로 삼아 그림을 그렸다. 1889년에 로트렉이 그린 '물랭 드 라 갈레트에서'는 화가 조제프 알베르가 중산모를 쓰고 긴 의자에 앉아 세 명의 여자를 바라보고 있는데, 춤추는 사람들의 모습을 생생하게 포착한 대형 그림이기는 하지만 르누아르의 그림보다는 다소 무거운 느낌이 들고 춤을 추러 온 사람들의 즐거움이 다소 덜 표현된 것 같다. 이외에도 몽마르트르에서 색채를 발견한 피카소와 위트릴로도 이곳을 소재로 그림을 그렸다. 이렇듯 한 장소를 여러 화가가 그린 경우는 그리 많지 않을 것이다. 위트릴로는 특히 이곳의 모습을 여러 장 그렸는데, 르누아르나 로트렉처럼 그곳에 직접 가서 그리지 않아서인지 생생한 느낌이 전혀 없다. 외로움과 고뇌에 젖어 술잔을 기울이던 몽마르트르에서가 아니라 파리 근교에서 호화롭게 생활하는 가운데 몽마르트르의 추억을 떠올리며 그려서 그런 느낌을 받을 수 없었나보다.

'갈레트'는 그 당시 이곳의 소유주인 드블레이가 우유와 함께 팔았던 작은 호밀빵의 이름이다. 1830년부터는 이 빵과 뮈스카 백포도주를 함께 팔았고 이곳은 카바레로, 선술집으로, 무도회장으로 모습이 여러 차례 바뀌었다. 1979년에 복원된 물랭 드 라 갈레트는 예쁜 테라스를 갖추고 계절 요리를 선보이는 레스토랑이 되어 손님을 맞고 있었다. 이곳에서 앙트레, 주

물랭 드 라 갈레트 내부. 몽마르트르 포도 수확제 때 이곳에서 프랑스 시 낭송회와 전시회가 열리기도 했다. 아래 왼쪽 사진 역시 물랭 드 라 갈레트의 예쁜 내부 모습이고, 오른쪽은 후식으로 나온 무화과 요리 인데 아주 달콤하고 맛있다.

식, 디저트를 따로 주문하면 음료를 포함해 45~100유로 정도로 좀 비싼 편이다. 앙트레와 주식, 주식이나 디저트로 두 개의 코스만 주문할 수 있는 정식은 45유로이고, 점심 특선 메뉴는 19유로이다.

나는 저녁 식사는 주머니 사정상 좀 부담이 되어서 점심 특선 요리를 주문했다. 주 요리는 다른 곳과 큰 차이가 없지만 무화과로 만든 후식 요리는 먹기가 아까울 정도로 예뻤다. 이전에 이곳을 찾았을 때 맛본 햄과 멜론을 부채처럼 장식한 요리 Eventail de melon et jambon de pays 역시 내 미각뿐 아니라 시각을 즐겁게 했던 기억이 난다. 이렇게 예쁜 요리를 보고 있자니 '그림은 아름다운 것이어야 한다'고 말한 르누아르의 말이 떠올랐다. 친구들을 만나기 위해, 또 이곳을 자신들의 화폭에 담기 위해 누구보다도 자주 드나들었던 다섯 명의 화가들의 그림과 삶을 추억하며 식사를 한다면 그 어느 곳에서보다 맛있는 추억의 시간을 가질 수 있을 것이다.

지금도 변함없이 사랑받고 있는 물랭 들 라 갈레트는 이렇듯 여러 화가에 의해 아주 다른 빛깔로 표현되었지만 이곳의 모습을 가장 잘 담아낸 화가는 르누아르인 듯싶다. 사물의 부드러움과 색채의 아름다움을 훌륭하게 그려낸 르누아르의 작품을 더 감상하고자 한다면 오르세 미술관을 찾으면 된다. 파리에서 조금 떨어져 있기는 하지만 남프랑스의 카뉴 쉬르 메르에 있는 르누아르 아틀리에에 가면 그의 숨결을 더 가까이에서 느낄 수 있을 것이다. 1907년부터 1919년까지 르누아르가 머물다 생을 마감한 곳으로 르누아르를 존경하던 마티스나 로댕, 보나르가 자주 찾았다고 한다. 카뉴 쉬르 메르의 콜레트 거리에는 르누아르가 아내 알린과 세 아들 피에르, 장, 클로드와 함께 살았던 곳인 르누아르 미술관이 있다.

르누아르가 말년을 보낸 이곳의 정원에는 세월의 흐름 속에 줄기가 갈라지고 굵어진 올리브 나무와 오렌지 나무, 알 수 없는 고목들이 따사로운 햇살 아래에서 싱그러운 향기를 내뿜고 있다. 이곳에서는 카뉴 쉬르 메르의 고요하고 아름다운 모습이 한눈에 내려다보인다. 모네가 지베르니에 자신의 그림만큼이나 아름다운 정원을 만들었듯이 르누아르도 콜레트 거리에 있는 아름다운 집을 사들여 과실과 꽃이 만발한 정원을 만들었다. 1960년 이후 이 정원은 자연 그대로 보존하고 관리하는 일을 시에서 맡아서 하고 있다. 르누아르는 소박한 미소와 따사로운 햇살이 가득한 이곳에서 12년을 머물면서 햇살 아래 눈부시게 빛을 발하는 여인들의 육체와 자연을 화폭에 그려나갔다. 그의 붓을 통해 그림의 대상은 붉은빛과 황금빛으로 아름답게 물들어갔다.

정원 중앙에는 '승리의 비너스 상'이라는 조각이 있다. 르누아르는 한

오귀스트 르누아르 Auguste Renoir

르누아르의 '콜레트의 농가'의 배경이 된 곳으로 이곳 앞에서 르누아르의 작품을 만날 수 있다.

때 조각에 관심을 보였는데, 그가 말년에 그린 '목욕하는 여인들'의 풍만한 육체에서 느껴지는 입체감은 조각에 대한 그의 관심을 짐작케 했다. 하지만 르누아르는 류머티즘으로 팔다리를 쓸 수 없었기 때문에 크로키만 하고 마이욜의 제자인 리샤르 귀노와 루이 모렐이 조각을 했다. '콜레트의 농가'의 배경이 되었던 장소는 모습을 고스란히 간직한 채 자연과 더불어 빛을 발하고 있었다.

르누아르의 아틀리에였던 이곳에서는 그의 체취가 느껴졌다. 바로 얼마 전까지 그가 이곳에서 생활했다고 착각할 정도로 모든 것이 그대로 보존되어 있다. 뚜껑이 열려 있는 물감상자, 짜다 만 물감 튜브는 화가가 작업을 하다 잠시 자리를 비운 듯한 착각을 일으키게 한다. 1919년 12월 3일, 죽기 직전까지 아네모네 꽃을 그린 르누아르… 그는 73세의 생을 마감하면서 아들인 장에게 "이제서야 뭔가를 이해하기 시작했다"라고 말했다. 르누아르의 원본 10여 점과 조각상 그가 늘 입고 다니던 외투와 지팡이 등을 만날 수 있는 이곳에서는 풍만한 여인과 아름다운 꽃을 통해 친숙한 그의 숨결을 느낄 수 있다.

르누아르가 말년을 보낸 남프랑스 카뉴 쉬르 메르에 있는 르누아르 아틀리에.

조르주 브라상스 Georges Brassens

"행복한 사랑은 없다네"

몽마르트르 포도 수확제 · 브라상스
Fête des Vendanges · Brassens

조르주 브라상스 Georges Brassens

2007년 가을 몽마르트르를 찾았을 때는 이곳의 거리며 카페에서 브라상스를 기리는 몽마르트르 포도 수확제가 한창이었다. 몽마르트르에 대한 글을 쓴다고 이곳의 언덕을 수도 없이 오르내려 이제는 눈을 감고도 어디에 누구의 흔적이 남아 있는지, 어느 집의 크레프가 맛있는지, 어떤 화가의 그림이 만족할 만한지, 거리에서 노래하는 저 여자가 저녁이 되면 어느 바에서 기타를 들고 노래를 부르는지도 알게 되었다.

테르트르 광장에서 그림을 그리던 한 여자는 나를 보자 반가워하면서 이곳을 자신만큼 사랑하는 내가 친구처럼 느껴진다며 자신이 살고 있는 방을 보여주고 싶다고 했다. 처음에는 약간 당황스러웠지만 나를 이끄는 그녀의 따뜻한 손길은 반겨줄 곳 없는 피로한 여행자를 행복하게 만들었다. 물건들이 어지럽게 놓여 초라했지만 나름대로의 멋이 느껴지는 방이었다. 그녀는 그곳에서 자신이 원하는 삶을 살아가는 듯했다. 나는 그녀의 방에서 메종 로즈의 가을을 그린 그림을 보고 그녀에게 몽마르트르의 가을이 이 그림처럼 아름다운지 아니면 아름답게 표현한 것인지 물었다. 그녀는 몽마르트르의 가을은 그림으로 표현하고 싶을 정도로 아름답다고 이야기해주었다.

몽마르트르의 가을… 직접 느끼고 싶었지만 학기 중이라 화가들의 그림이나 사진, 비디오 자료만으로도 만족스러웠다. 10월 중순에 열리는 몽마르트르 포도 수확제 사진과 동영상을 보며 축제의 현장으로 떠나는 상상 여행을 선택한 나 자신에 대해서도 만족했다. 상상력이 '실제 경험'이라는 천박한 현실보다 더 나은 대체물을 제공해준다는 위스망스의 소설 《거꾸로》의 주인공 데제생트처럼 말이다. 거리의 악취나 소매치기, 환락가가 배제된 예술가들의 멋을 느낄 수 있는 몽마르트르는 나에게 큰 감동을 주었다.

그러던 어느 날 이건 아니라는 생각이 들었다. 나는 단숨에 비행기 표를 끊어 몽마르트르로 달려갔다. 나는 마치 깊은 곳에 숨겨둔 보물을 보듯 강한 흡입력으로 이곳의 모습을 빨아들였다. 그냥 스쳐갈 수 있는 거리나 악사들의 모습, 크레프를 만드는 티르 부숑 주인 아저씨나 피아노를 치는 무명의 피아니스트, 테르트르 광장의 화가들, 포도주를 파는 사람 등 이곳의 일상의 모습에도 나의 모든 감각은 예민하게 움직였다. 거리거리마다 북을 치는 어린아이들은 축제 분위기를 한층 북돋웠고, 평소 좋아하는 가수의

조르주 브라상스 Georges Brassens

브라상스를 기리는 몽마르트르 포도 수확제 모습.

노래가 흐르는 몽마르트르를 걷는 일은 내게는 너무도 큰 감동이었다.

브라상스는 자신의 노래를 통해서 사회 관습이나 종교, 위선자들의 비리를 통쾌하고도 익살스럽고 외설적으로, 때론 감미롭게 표현해낸 최고의 가수이자 시인이다. 앞서 소개했던 르누아르나 로트렉, 고흐 등 많은 화가가 작품의 소재로 삼았던 장소인 물랭 드 라 갈레트에서는 브라상스 사진 전시회와 시 낭송회가 열리고 있었다.

브라상스는 빅토르 위고나 루이 아라공, 프랑수아 비용, 폴 베를렌, 라마르탱 등의 시를 노래로 만들어 불렀으며, 그 자신이 쓴 아름답고도 신랄한 텍스트 역시 하나의 시로 평가받아 1967년 아카데미 시인상을 받기도 했다. 물랭 드 라 갈레트에서 차 한 잔을 주문한 뒤 브라상스의 사진 전시회를 보다가 그의 시 낭송회에도 한번 와 봐야겠다는 욕심이 생겼다. 시 낭송회는 밤 11시에 시작돼 좀 늦은 감이 있고 다소 난해한 시를 이해할 수 있을까 하는 생각이 잠시 스쳤지만 그의 시세계를 느끼기로 마음먹었다. 시간

조르주 브라상스 Georges Brassens

브라상스 박물관 내부.
"내 마음 깊은 곳에 오래된 이야기가 남아 있네. 하나의 환영, 내가 사랑했던 소녀의 기억… 내 아름다운 사랑은 영원하리라…"로
시작되는 '난 불량배라네 Je suis un voyou'의 가사가 박물관 한 벽면을 장식하고 있다.
이곳에서는 신랄하고 외설적인, 때론 감미롭고 시와도 같은 브라상스 노래의 텍스트와 함께 음악을 감상할 수 있다.

을 때우기 위해 몽마르트르를 어슬렁거리다가 작은 서점에 들어갔다. 다른 곳에 갔다가 이곳으로 다시 돌아오는 것보다는 서점에서 시간을 보내는 게 더 나을 것 같아서였다.

서점에는 이번 몽마르트르 축제가 브라상스 기념 축제여서인지 브라상스와 관련한 책이 많이 진열되어 있었다. 나도 구석에 자리를 잡고 쭈그리고 앉아 그의 시집을 읽었다. 내가 알고 있는 '고릴라' 나 '행복한 사랑은 없다네', '착한 마르고' 등으로도 그는 내게 충분히 매력적인 가수였는데, 그의 시집을 읽으며 그가 왜 아직까지도 프랑스인들에게 이리도 사랑을 받는지 알 수 있을 것 같았다. '오베르뉴인을 위한 노래'는 1943년 독일 바스도르프의 강제노역에서 브라상스가 파리로 피신해 살게 되었을 때 그에게 숙식을 제공하며 친절을 베풀어준 잔Jeanne과 그의 남편인 마르셀 프랑슈에게서 영감을 얻어 만든 샹송이다.

위선적인 사람들과 이 부부의 온정을 왈츠풍의 경쾌한 가락에 담은 이 노래는 지금까지도 프랑스인들이 좋아하는 곡 중의 하나로, 이 노래의 3연에서는 아나키스트적인 브라상스의 사상을 엿볼 수 있다. 그는 이 부부의 집에 1966년까지 머물며 그들의 따뜻함이 담긴 '잔Jeanne'과 '잔의 오리 La cane de Jeanne' 등의 노래를 만들어 그들과 함께 불렀다.

조르주 브라상스 Georges Brassens

오베르뉴인을 위한 노래 Chanson pour l'Aubergnat

이 노래는 당신을 위한 노래

내 삶이 추웠을 때,

주저하지 않고 내게 장작개비

네 쪽을 주었던 나무장수 양반.

농부들과 그 아낙네들이

그 마음씨 좋다는 사람들이

모두 문전박대했을 때

나에게 불을 주었던 당신.

작은 불에 지나지 않았지만

그건 내 몸을 따뜻하게 했고

화톳불처럼 내 마음속에

늘 타오른다네.

나무 장수, 당신이 죽어

장의사가 데려갈 때

그는 당신을 하늘을 가로질러

영원한 아버지에게 이끌리라.

조르주 브라상스 Georges Brassens

이 노래는 당신을 위한 노래.

내 삶이 배고팠을 때,

주저하지 않고 빵 네 덩어리를

주었던 주인아주머니, 당신.

농부들과 그 아낙네들이

그 마음씨 좋다는 사람들이 모두

내가 굶는 걸 즐겨 보았을 때

내게 부엌문을 열어주었던 당신.

작은 빵 조각이었지만

그건 내 몸을 따뜻하게 했고

잔칫상처럼 내 마음속에

늘 타오른다네.

주인아주머니, 당신이 죽어

장의사가 데려갈 때

그는 당신을 하늘을 가로질러

영원한 아버지에게 이끌리라.

조르주 브라상스 Georges Brassens

티르 부숑 외부.
오른쪽 위는 티르 부숑 내부이고,
오른쪽 아래는 티르 부숑의 음악만큼이나 유명한 크레프이다.

풀보 거리로 막 돌아서는데 피아노의 선율이 울려 퍼졌다. 에릭 사티의 음악을 들을 수 있지 않을까 기대하며 피아노 가락이 울려퍼지는 곳으로 갔다. 소리가 난 곳은 풀보 거리의 모퉁이에 자리 잡은 '티르 부숑Tire Bouchon'이라는 피아노 바였다. 프랑스어로 '포도주 병마개'를 뜻하는 '티르 부숑'은 외관이 빨간 공간으로, 안으로 들어서니 이곳을 찾은 사람들이 남긴 메모가 가득했다. 사람들이 남기고 간 그림이며 사연을 읽어보는 일은 흥미로웠다.

나 역시 한구석에 브라상스의 노래 중 '절뚝발이 왕Le roi boiteux'의 일부를 적어두었다. 나는 이 노래를 방금 산 브라상스의 시집에서 처음 봤는데 노랫말이 무척 재미있다. 스페인 왕인지 프랑스 왕인지 발에 티눈이 생겨 절뚝거리는 것을 보고 아첨하는 족속인 신하에서 온 나라 사람들이 왕 앞에서 절뚝거렸다고 한다. 그런데 왕 앞에서 절뚝거리지 않는 한 사람을 보고 왕이 "자넨 절뚝거리지 않는군" 하고 나직이 물었더니 그 사람이 "보십시오, 저는 티눈투성이입니다. 내가 남들보다 똑바로 걷는 건 두 발을 다 절뚝

거리기 때문이랍니다"라고 대답한다. 이 노래는 아침을 일삼는 사람들을 날카롭게 풍자한 귀스타브 나도의 시에 곡을 붙인 것인데 어찌나 재미있는지 나 혼자 한동안 깔깔대고 웃었다. 나중에 이곳에 다시 와서 내가 적어둔 메모를 찾으면 브라상스와 시 낭송회, 몽마르트르 축제, 북소리와 음악 등 이날의 모든 추억이 떠오를 것을 생각하니 기분이 무척 좋았다.

티르 부숑은 아주 작은 공간이지만, 프란시스 레이, 베르나르 디메이, 자크 브렐 등의 데뷔 무대라고 한다. 이곳에서는 지금도 멋진 피아노 연주를 들을 수 있는데, 피아노를 치는 남자가 보는 것은 악보가 아니라 신문이었다. 신문을 읽으면서 그처럼 멋진 연주를 할 수 있다는 것이 대단해 보였다. 이곳에서는 맛있는 크레프를 맛볼 수 있는데, 아주 능숙한 솜씨로 크레프를 만드는 모습 역시 이곳의 볼거리 중 하나이다.

이제 허기도 채웠고 시간도 거의 11시가 다 되었기에 다시 물랭 드 라 갈레트로 향했다. 동양 여자라서 그러는지 아니면 낮에 오랜 시간 앉아 있다 가서 기억을 하는지 그곳 사람이 나를 반갑게 맞아주었다. 음악이 흐르는 곳에서 그의 시를 듣는 것은 멋진 일이었지만, 하루 종일 돌아다닌 여행자가 밤 11시에 난해한 프랑스 시를 들으며 앉아 있기란 쉬운 일이 아니었다. 심취되어 시를 즐기는 사람들 옆에서 자꾸 하품을 하는 건 예의가 아니라서 조용히 자리를 뜨려는데 '도둑에게 바치는 시'가 낭송되었다. 아는 시라서 이것까지만 듣고 나가야겠다고 마음먹었는데 그 뒤로 계속 낭송되는 브라상스의 유머에 가득 찬 시는 나를 붙잡아두기에 충분히 매력적이었다.

도둑이 문을 잘 닫고 나간 것을 높이 평가하고, 경찰에게 신고하지 않은 이유는 또 도둑질하러 와도 된다는 의미가 아니라, 재범은 도둑의 매력을 망칠 수 있으니 좋은 기억으로 남게 해달라는 의미, 추신으로 유일한 재능이 도둑질이라면 가게를 차리면 '짭새'들이 단골손님이 될 거란 표현은 무척이나 브라상스다웠다. 바보는 스무 살이든 할아버지가 됐든 여전히 바보일 뿐 나이는 그리 중요하지 않다고 노래한 '나이가 중요한 건 아니라네 Le temps ne fait rien à l'affaire' 나 라마르틴의 시를 노래한 '죽음에 대한 생각 Pensée des morts' 도 나를 깊은 생각에 잠기게 했다. 이외에도 사랑의 아픔을 노래한 '행복한 사랑은 없다네 Il n'y a pas d'amour heureux' 도 낭송되었다. 이 시는 초현실주의 시인이자 우리에게 '엘자의 눈 Les yeux d'Elsa' 으로 잘 알려진 루이 아라공이 지었는데 예술가들의 흔적이 남아 있는 공간에서 들으니 더욱 가슴에 와 닿았다.

조르주 브라상스 Georges Brassens

행복한 사랑은 없다네 Il n'y a pas d'amour heureux

인간에겐 아무것도 주어진 게 없다네

그 힘도 나약함도 마음도 말이네.

자신의 두 팔을 펼친다고 생각하면,

그 그림자는 십자가의 모습이 된다네.

자신의 행운을 꽉 거머쥔다 생각하면,

행복을 깨트리게 된다네.

그의 삶은 낯설고, 고통스러운 이별이라네.

행복한 사랑은 없다네.

…

사는 법을 배우기엔 이미 너무 늦었다네.

하나가 되기 위한 우리의 마음은

한밤중에 얼마나 눈물을 흘리는가.

하나의 작은 노래를 위해

얼마나 많은 불행이 있어야 하는가.

하나의 떨림의 대가 치르기 위해

조르주 브라상스 Georges Brassens

얼마나 많은 후회가 있어야 하는가.

기타 한 곡조를 위해

얼마나 많은 흐느낌이 필요한 것인가.

행복한 사랑은 없다네.

고통 받지 않는 사랑은 없다네.

상처 받지 않는 사랑은 없다네.

…

눈물로 살아가지 않는 사랑은 없다네.

행복한 사랑은 없다네.

하지만 이것이 우리 둘의 사랑이라네.

루이 아라공 Louis Aragon

브라상스는 우리에게 이브 몽탕이나 에디트 피아프만큼 잘 알려진 가수는 아니지만 프랑스에서는 가사의 심오함과 신랄한 풍자로 그 누구보다도 사랑받는 가수 중 한 명이다. 사회적 문제를 풍자한 것이나 다소 외설적인 내용이 많아 처음 듣는 노래는 이해가 되지 않았지만 아는 노래가 낭송될 때면 따라 부르기도 하면서 브라상스의 노래를 즐겼다. 낮에 시를 읽어두길 참 잘했다는 생각이 들었다. 내가 가사를 알지 못했다면 이 멋진 시간을 즐기지 못하고 다른 사람들의 표정을 따라 하며 어색한 이방인으로 그들의 모습을 바라보고만 있었을 것이다.

내가 브라상스의 노래를 따라 부르는 것이 꽤나 흥미로웠는지 옆에 앉은 한 여자가 일본에서도 브라상스가 사랑받는다니 무척 놀랍다고 말했다. 나는 한국에서 왔는데 브라상스의 노래를 좋아하는 사람들이 한국에도 더러 있다고 말했더니 내일 몽마르트르의 시갈 Cigale 에서 브라상스 콘서트가 열린다고 알려주었다. 나는 몽마르트르 축제 안내책자에 나와 있어서 그 사실을 알고 있지만 망설여진다고 했더니 그녀는 브라상스를 이처럼 좋아하면서 왜 망설이냐고, 인생은 이런 즐거운 순간을 즐길 수 있어서 행복한 게 아니냐고 했다. 참 멋진 말이었다.

다음 날 나는 브라상스의 콘서트에 가서 자리를 잡고 앉았다. 그런데 주변을 한번 둘러보니 그 많은 사람 중에 동양인은 찾아볼 수가 없었다. 관광지에 그렇게도 많던 일본사람과 중국사람은 다 어디로 갔나 싶었다. 좀 어색했지만 콘서트가 시작되면서 그런 느낌은 한순간에 사라졌다. 모두들 브라상스를 추억하고 사랑하는 마음으로 하나가 되었기 때문이다.

12년 동안 브라상스의 기타리스트였던 조엘 파블로가 노래를 부를 때는 마치 브라상스가 셰 파타슈 Chez Patachou에서 한쪽 다리를 의자에 걸친 채 기타를 치며 노래를 부르고 있다는 착각이 들었다. 셰 파타슈는 본명이 앙리에트 라공 Henriette Ragon인 '파타슈'란 여가수가 경영하던 카바레로 브라상스는 이 여주인의 도움을 받아 가수로 데뷔했다. 파타슈는 자크 브렐, 에디트 피아프, 미셸 사르두 등을 이 카바레에서 사람들에게 소개했을 뿐 아니라 이곳을 찾는 남자들의 넥타이를 자른 것으로도 유명하다.

그 당시를 떠올리기 위해 거리를 돌아다니며 파타슈란 이름의 레스토랑을 찾아 어린 시절의 보석상자를 열듯 문을 열고 들어가 보았다. 하지만 브라상스가 노래를 부르던 곳은 세월과 함께 사라졌고 그 이름만 딴 곳이라서 조금은 실망스러웠다. 브라상스는 1952년에 셰 파타슈에서 '고릴라 Le Gorille', '망할 년 Putain de Toi', '착한 마르고 Brave Margot', '나쁜 평판 La Mauvaise Réputation' 등을 불러 많은 사람에게 사랑을 받았다. 양치기 처녀 마르고가 어미를 잃은 새끼 고양이에게 젖을 물리는 것을 보러 온 마을 사람들과 그 고양이를 죽이는 아낙네의 이야기가 담긴 가사를 따라 부르며 모두들 웃었지만, 아낙네의 모습은 어쩌면 우리 모두의 모습일지도 모른다는 생각이 들었다.

프랑스에서는 1981년에 이미 폐지되었지만 사형 제도를 비난하는 내용

조르주 브라상스 Georges Brassens

시갈에서 공연된 브라상스 콘서트 모습.
오른쪽은 조엘 파브로Joël Favreau로 12년 동안 브라상스의 기타리스트로, 이브 뒤테이나 막심 르 포레스티에와 함께 연주했다.

이 담긴 '고릴라'를 부를 때는 후렴구인 '고릴라 조심 Gare au gorille !'을 모두 입을 모아 따라 불렀다. 이렇게 큰 소리로 노래를 부르는 것은 사형제도 부활을 주장하는 국민전선FN, Front National의 르펜 같은 극우파 정치인에 대한 반감을 나타내기 위해서가 아닌가 하는 생각이 들었다.

한 여자가 무대로 나오자 모두들 더 신나게 박수를 쳐댔다. 지금은 사르코지 프랑스 대통령의 부인이 된 카를라 브루니였다. 이 콘서트를 보았던 날은 몽마르트르 축제가 한창이던 10월 14일이고, 18일에 사르코지 대통령과 세실리아와의 이혼을 엘리제궁에서 공식 발표했기 때문에 브루니에 대해 관심이 무척 많았다. 사르코지 대통령은 23명의 역대 대통령 중 재임 기간에 이혼한 최초의 대통령이다. 언론에서 대통령의 염문설을 떠들어대긴 했지만 대부분의 프랑스인은 대통령의 사생활은 정치와는 무관하다고 생각한다.

예전에 미테랑 대통령의 숨겨둔 딸 마자랭 팽조가 우리나라 언론에 크게 보도된 적이 있다. 프랑스의 일부 언론에서 대통령의 도덕성을 거론했지만, 〈르몽드〉지는 'Et alors그게 어떻다는 것이냐'라는 제목의 기사로 사생활과 정치인은 엄연히 별개라는 프랑스인의 생각을 확실히 보여주기도 했다.

하지만 브루니에 대한 언론과 프랑스인의 관심은 대단했다. 나 역시 브루니가 브라상스의 어떤 노래를 부를지 무척 궁금했다. 아무리 브루니라지만 '경찰 마누라의 배꼽'이나 '십중팔구' 같은 외설적인 노래는 안 부르겠지 하고 생각했는데 역시나 '페르낭드'를 멋스럽게 불렀다. 브루니답다는 생각이 들었고 지금도 사르코지 대통령의 부인으로보다는 이때의 모습이 내게는 더 매력적으로 남아 있다.

노래가 빠르고 가사가 많아 노래 전체를 따라 부를 수는 없었지만 후렴구는 따라 불렀다. 무척 유쾌한 시간이었고, 그들의 모습에서 여유로움과 연대감, 열정, 멋을 느낄 수 있었다. 지난여름 다시 프랑스를 찾았을 때는 브루니의 속삭이는 듯한 음악이 여기저기서 들려왔다. 2년 전 세상을 떠난 브루니의 오빠를 기리는 음반인 '마치 아무 일도 일어나지 않은 것처럼 Comme si de rien n'était'에 대해 브루니는 "내가 바라는 것은 사람들이 잊지 않는 노래를 쓰는 것이다"라고 말했다. 사르코지는 얼마 전 휴가를 떠나는 내각들에게 브루니의 CD를 선물하면서 많은 사람의 눈살을 찌푸리게 했고, 브루니의 매니저라는 말까지 듣고 있지만 브루니는 브루니 사르코지보다 카를라 브루니라고 부르는 것을 좋아하지 않을까 싶다.

콘서트가 끝나갈 무렵 브라상스의 '세트 해변에 묻어다오 Supplique pour être enterré à la plage de Sète'라는 노래가 흘러나왔다. 낭만적인 여행자였던 샤토브리

앙처럼 브라상스가 바람과 파도 소리를 들으며 그랑베 섬 같은 곳에 묻혀 있을 것이라고 생각하며 나는 남불에 있는 '세트' 라는 곳을 찾아갔다. 세트 관광 안내소를 찾아 브라상스 기념관의 약도를 받아서 그곳으로 가는 버스를 기다리고 있는데, 옆에 있던 한 프랑스 아주머니가 내게 어디서 왔으며 왜 이곳을 찾았는지를 물었다. 버스비가 1유로이지만 10개를 같이 사면 좀 더 싸다며 자기가 표를 내주겠다며, 이곳으로 돌아오는 버스도 내린 자리에서 타면 돌아서 온다고 알려주었다.

너무도 다정한 아주머니의 태도에 약간 어색해하고 있는데, 그 옆에 있던 다른 여자가 돌아오는 버스는 내린 곳 맞은편에서 타야 한다며 둘이 서로 거의 싸울 듯했지만, 나를 보고는 웃음을 잃지 않았다. 버스를 내릴 때까지 끊임없이 이어지는 두 아주머니의 이야기를 듣고 있노라니 해학적인 브라상스의 노랫말이 떠올랐다. 이곳에서는 남불의 햇살만큼이나 따스함이 느껴졌다.

한참을 버스를 타고 가다보니 브라상스 박물관이 모습을 드러냈다. 입구에 그려진 화려한 색채의 그림은 이 박물관의 건립을 기념하기 위해 바친 거라고 했다. 기념관 내부는 그의 삶의 흔적을 느낄 수 있는 여러 장소와 사람들의 모습, 시인이기도 한 브라상스가 읽은 책과 기타 등이 전시되어

조르주 브라상스 Georges Brassens

세트 해변.

조르주 브라상스 Georges Brassens

세트의 브라상스 박물관.

조르주 브라상스 Georges Brassens

브라상스 묘지.

있었다. 직원에게 묘지는 해변 가까이에 있느냐고 물었더니 바로 옆의 세트 묘지에 묻혀 있다고 알려주었다.

바다에 홀로, 돌고래 곁에 고운 모래가 길게 늘어선 바닷가에 묻어달라고 노래한 그의 유언은 이루어지지 않았지만, 그는 태양이 빛나는 따뜻한 이곳에서 편안히 쉬고 있었다. 나는 역으로 돌아오는 길에 버스에서 내려 해변을 걸었다. 브라상스의 노래를 들으며 상상하던 해변은 아니었지만 한참을 걷다보니 내 귓가에는 아름다운 바람결에 실려 들려오는 파도 소리에 맞추어 브라상스가 휘파람으로 나지막이 노래를 부르는 소리가 들리는 듯했다.

달리다 Dalida

"추억 또한 우리가 그것을 잊어버릴 때
시들게 마련인 것을"

달리다 광장
La place Dalida

달리다 Dalida

몽마르트르의 거리들은 모두 자기만의 독특한 색을 가지고 있다. 에릭 사티가 살았던 코르토 거리에서는 음울하면서도 고요한 아름다움이 느껴진다. 베를리오즈가 살았던 생 뱅상 거리에서도 역시 쓸쓸함이 느껴지지만 코르토 거리와는 사뭇 다른 느낌으로 다가온다. 실연한 젊은 예술가가 절망에 빠져 극약을 먹고 자살한다는 예제가 붙은 '환상교향곡'의 작곡가가 살던 거리라는 선입관 때문인지도 모르겠다. '환상교향곡'이 많은 사람에게 사랑받는 것은 베를리오즈의 연인인 헤리어트 스미드슨에 대한 사랑과 그 뒤에 남는 고뇌와 환멸이 작품에 고스란히 스며들어 있기 때문인지도 모르겠다. 몽마르트르에 살았던 예술가들의 삶을 떠올리며 몽마르트르 거리를 걸어보는 건 또 다른 즐거움이다.

베를리오즈나 에릭 사티처럼 사랑의 아픔으로 고통스럽게 살다 생을 마감한 달리다 역시 이곳 몽마르트르를 사랑한 사람 중 하나였다. 1981년 세

베를리오즈가 1834년부터 1836년까지 살았던 아틀리에.

달리다 Dalida

무덤에 세워진 조각가 알잔의 달리다 조각상.

상을 떠난 뒤 프랑스에서 더욱 큰 사랑을 받고 있는 브라상스처럼 달리다는 아름다운 노래와 끊임없이 이어지는 사랑 이야기로 이 세상과 결별 후 지금까지 우리 모두를 매료시키고 있다.

달리다는 1962년부터 살았던 몽마르트르의 자신의 집에서 1987년 5월 2일의 깊은 밤, 아름답고 행복이 넘치는 노래 속에 감추기에는 절망의 무게가 너무도 깊었기에 "삶을 더 이상 견뎌나갈 수 없습니다. 나를 용서해주세요 La vie m' est insupportable, pardonnez-moi"라는 마지막 말을 남기고 자살로 파란만장한 생을 마감했다. 그녀가 죽은 다음 해인 1988년에 실시한 1968년부터 1988년까지 가장 충격적인 사건이 무엇인지를 묻는 여론 조사 결과 드골의 죽음이 16%이고 달리다의 자살이 10%나 될 정도로 많은 사람에게 달리다의 죽음은 큰 충격을 주었다. 달리다는 그녀의 집과 그리 멀지 않은 몽마르트르 묘지에 그녀의 오빠인 올랑도와 어머니와 함께 묻혀 있다.

무덤에 세워진 조각가 알잔 Alzan의 하얀색 달리다 조각상이 무척 인상적인데, 마치 슬프게 생을 마감한 달리다를 지켜주고 있는 듯한 느낌이 들었다. 노래만큼이나 열정적으로 살았던 달리다의 모습은 금과 은, 동의 주화로 만들어져서 파리에 있는 화폐 박물관에 에디트 피아프와 브라상스, 아즈나부르의 동전과 함께 보관돼 있다.

달리다 Dalida

1962년부터 1987년까지 달리다가 살았던 집.

2007년 5월에는 달리다 사후 20주년을 기념해서 여전히 달리다와 그녀의 음악을 사랑하는 많은 프랑스인을 위한 콘서트와 전시회가 열렸고, 파리 시청에서 5월 1일부터 9월 8일까지 열린 달리다의 전시회에서는 화려하고 열정적으로 살았지만 그 인기 아래에서 절망했던 비운의 여가수의 삶을 조명했다. 나는 전시를 보고 나서 몽마르트르 지도를 들고 그녀가 살았던 몽마르트르의 집으로 향했다.

그녀가 살던 집은 크게 눈에 띄지 않았고 주위는 조용했다. 이런 적막감을 참을 수 없어 그녀가 수면제를 입에 털어넣고 자살한 건 아닌가 하는 생각이 들 정도였다. 1987년 5월 3일 저녁 8시, 공식적으로 죽음을 발표한 그때 달리다의 나이는 53살이었다. 1954년 미스 이집트로 뽑힌 뒤 달리다는 영화계와 가요계를 오가며 꿈을 펼쳤지만, 그녀는 줄곧 여러 남자와 스캔들을 일으켰다.

결국 라디오 프로듀서인 뤼시앵 모리스와 결혼하지만, 이탈리아인 작곡가 루이지 탱고와 사랑에 빠진다. 탱고의 자살과 뒤이은 첫 남편 모리스의 자살… 그 뒤 달리다와 9년 동안 인생의 동반자로 살았던 생 제르맹 백작으로 불린 리샤르 샹프레의 자살… 지칠 대로 지친 달리다는 삶의 무게를 감당하지 못하고 자신 역시 자살로 생을 마감한다. 달리다는 왜 그리도 고통

알랭 아슬랭이 조각한 달리다의 흉상.

스러운 사랑을 했을까? 우리에게 친숙한 부드러운 샹송으로 감미로운 사랑을 노래했던 그녀의 고통은 무엇이었을까?

달리다의 집 앞에 서니 애끓는 사랑과 그리움이 뒤섞여 정신이 멍해졌다. 갑자기 달리다와 알랭 들롱이 함께 부른 '달콤한 속삭임 paroles paroles'이 들려왔다. 나처럼 달리다의 집을 찾아온 관광객들이 휘파람으로 이 노래를 부르고 있었다. 이 노래를 듣는 순간, 달리다가 여러 남자와 일으킨 스캔들, 탱고와 모리스의 죽음을 이해할 수 있을 것 같았다. 이 노래의 멜로디는 감미롭지만 사실은 사랑의 고통을 노래하고 있기 때문이다.

이 노래의 가사처럼 연인들의 사탕발림 같은 말에 염증을 느끼고 또 다른 사랑을 찾아 헤매다 달리다는 자신의 삶에 환멸을 느끼고 죽어간 것일지도 모르겠다. 하지만 달리다의 연인들은 거짓 맹세가 아니었기에 절망했던 것이다. 그냥 내 생각일 뿐이다. 상상을 하는 것은 어른이 되어도 아이 때와 마찬가지로 나름대로의 즐거움을 주는 것 같다.

알랭 들롱 : 나의 유일한 고통이자 희망이라오.

달리다 : 당신이 시작하면 그 무엇도 당신을 멈추게 하지 못하지

내가 잠시라도 침묵하고 싶어 하는 것을

당신이 알고 있었다면.

알랭 들롱 : 당신은 모래언덕 위에서 별들이 춤추게 하는

나에게는 유일한 음악이라오.

…

알랭 들롱 : 당신은 나의 어제이고 또한 내일이라오.

달리다 : 하지만 꿈꾸는 시간은 끝나버렸어.

추억 또한 우리가 그것을 잊어버릴 때

시들게 마련인 것을.

알랭 들롱 : 내 말 좀 들어봐. 제발 이렇게 부탁하리다.

 맹세할게. 당신은 너무도 아름다워.

당신은 정말 너무나 아름다워.

달리다 : 당신이 바람에 흩뿌리는 말들은 여전하네요.

알랭 들롱과 달리다가 부르는 '달콤한 속삭임 paroles paroles' 은 초콜릿이나 사탕, 캐러멜 같은 감미로운 사랑의 말을 끊임없이 속삭여도 사랑의 상처를 받은 여인에게는 너무 쉽게 내뱉는 말로 들릴 뿐이라고 노래 부르고 있지만, 우리에게는 감미로운 사랑의 대화로만 들린다. 아마도 두 사람이 이

달리다 Dalida

노래를 부를 때 서로 사랑하는 사이가 아니었나 싶다.

몽마르트르의 오르샹 거리에서 1987년 자살한 달리다를 기리기 위해 아부르부아 거리와 지라동 거리가 만나는 곳에 달리다 광장La place Dalida이 1997년 4월 24일 만들어졌는데, 이 광장에는 알랭 아슬랭이 조각한 달리다의 흉상이 세워져 있다. 광장에 외롭게 서 있는 달리다의 모습을 보니 그녀가 '나는 기다릴 거예요J'attendrai' 라는 노래를 부르는 것 같았다.

아아, 이제 아무도 없어요.

더 이상 아무도 오지 않아요.

나는 기다릴 거예요.

낮이나 밤이나,

언제까지나 기다릴 거예요.

당신이 돌아오기를

나는 기다릴 거예요.

날아간 새도 잊어버린 과거를 찾아

그 둥지로 돌아오니까요.

너무도 무거운 내 가슴에 슬프게 고동치면서

시간은 달음박질로 빠르게 흘러가요.

그래도 나는 당신을 기다릴 거예요.

달리다가 바람소리만 들어도 귀를 기울이며 기다렸던 사람은 누구일까? 한순간 열정적으로 사랑했지만 16년 동안 자살로 생을 마감한 세 명의 연인을 기다릴 것 같지는 않았다. 그들은 그녀에게 행복한 순간을 주었지만 그녀가 감당하기 힘든 무거운 고통이었기 때문이다.

그녀는 이곳에서 나처럼 그녀의 음악을 사랑하는 사람들을 기다릴 것 같았다. 그렇기에 얼굴은 이렇듯 슬픈 표정을 짓지만 마음만은 기쁨으로 행복할 것이다. 그녀는 한 인터뷰에서 인간은 너무도 외로운 존재이지만, 인간만이 고독 속에서 자신을 되찾을 수 있고 행복할 수 있으며, 그녀의 노래에 대한 사랑을 이야기했다. "나는 관중과 결혼했고, 나의 노래는 나의 아이들이다"라고.

난 널 사랑해 Je t'aime

"난 널 사랑해"

주 템므 벽

Le Mur des "Je t'aime"

난 널 사랑해 Je t'aime

이렇듯 아름다운 샹송이 흐르는 몽마르트르를 더욱 행복이 넘치는 공간으로 만들어주는 장소가 있다. 그곳은 바로 아베스 스퀘어에 있는 '주 템므 벽' 이다. 폭력이 난무하고 개인주의가 팽배한 오늘날 '벽' 은 사람과 나라를 나누는 경계로 인식되고 있다. 하지만 2000년 10월 12일에 일반인에게 모습을 보인 '주 템므' 벽 앞에 선 우리는 서로의 마음을 열고 웃음 띤 얼굴로 사랑을 나눌 수 있다.

511개의 네모난 돌로 된 40제곱미터의 이 벽에는 전 세계의 언어와 지방어를 포함해 1000여 개의 언어로 '난 널 사랑해' 라는 말이 적혀 있다. 몽마르트르에 이런 멋진 공간을 만든 이는 프레데릭 바롱으로, 그는 1992년부터 이 벽을 만들기 위해 '난 널 사랑해' 라고 쓴 여러 나라의 글과 프랑스 여러 지방의 글들을 모았고, 클레르 키토 등의 도움으로 이 사랑의 벽을 완성했다. 지금 이 벽에서는 311개나 되는 세계 언어를 읽을 수 있다. 또 이 벽에 여러 지방어로 적힌 글을 통해 프랑스의 다양성을 느낄 수 있었다.

프랑스어나 영어 외에 여러 나라 말을 잘 알지는 못하지만 이 벽에서 여러 나라의 '나는 당신을 사랑합니다'를 찾는 일은 무척 재미있다. 함께 간 친구들과 누가 더 많이 찾아냈는지 내기를 하는 것도 즐겁다. 하지만 난 프랑스 지방어를 몰라 항상 내기에서 지고 만다. 프랑스에서는 지금도 독립분쟁이 일고 있는 코르시카 지방어나 알퐁스 도데의 《마지막 수업》의 배경이 된 곳인 알자스 지방어, 토착 문화를 그대로 간직하고 있다는 브르통어나 바스크어, 프로방스어와 같은 지방어가 일부이기는 하지만 여전히 쓰이고 있다.

지금 프랑스에서 시행하고 있는 다언어정책에 따라 영어, 스페인어, 이탈리아어, 독일어, 일어, 중국어 등 12개 언어와 함께 지방어를 학교에서 가르치며 고등학교 졸업 자격시험이자 대학입학시험인 바칼로레아에서도 지방어를 선택할 수 있다. 지방어를 계속 보존해왔기 때문에 프랑스인이 다양성과 독특한 취향을 갖게 된 것은 아닐까 하고 생각해보았다. 하여튼 다음에 이곳을 찾을 때는 지방어 공부도 좀 하고 와야겠다는 생각이 들었다. 단순히 글자를 모아둔 것에 불과할 수도 있는 이 벽이 '사랑'의 위력에 의해서인지 낭만적이고, 아름다워 보였다. 여러 언어 사이에 '사랑해'라는

여러 언어로 사랑한다는 말이 적혀 있는 '주 템므 벽.'

Te amo
SAYA CINTA PADAMU
사랑합니다
I HA DI GÄRN
I love you
ОБИЧАМ ТЕ
JEG ELSKER DIG
Ich liebe Dich
Ngiyakuthanda
Ngiyakutsanda
Ljubim te
Te Vui Bën
MI DƆ WU
NGNI WAN NU WE
YIKU ZOLELE
Volim te
Men seni sevjjarin sevizam

난 널 사랑해 Je t'aime

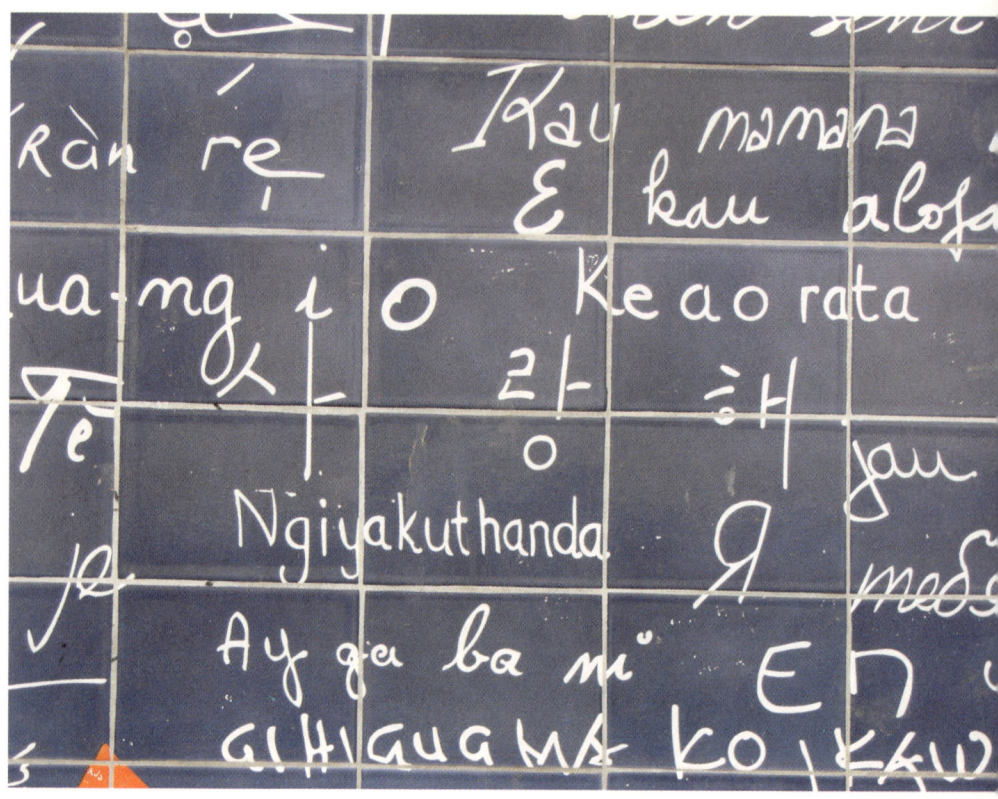

주 템므 벽에서 찾은 '사랑해.'

한글이 반갑게 날 맞아주었다. 역시 고운 우리글이다.

2000년 11월 28일자 〈피가로〉지에서는 '여러 언어와 사랑으로 쓰여진 벽' 이란 제목으로 이 벽에 대한 기사를 실었다. 이 기사에는 '2000년 10월 12일 이후로 주 템므 벽은 몽마르트르의 사랑을 노래한다' 라는 글과 함께 프레데릭 바롱이 왜 1992년에 이 벽을 만들 생각을 했는지를 소개하고 있다.

"어느 날, 내 동생이 한 장의 종이에 '사랑해' 라고 적은 편지를 제게 보냈습니다. 너무도 감동적이었지요. 그래서 저는 '난 널 사랑해 Je t'aime' 라는 말을 모으게 되었습니다…."

이 기사를 읽다보니 프레데릭 바롱이 참 멋진 사람이라는 생각이 들었다. 그리고 그에게 감사의 말을 전하고 싶었다. 옛 정취를 느끼고자 몽마르트르를 찾는 사람들에게 또 다른 즐거움을 선사해주기 때문이다.

www.lesjetaime.com에 들어가면 이 벽에 대한 더 자세한 정보를 얻을 수 있다.

아멜리에 Amélie Poulain

" 모든 이에게 행복을 전해주는
아멜리 풀랭이 태어났다"

두 개의 풍차

Brasserie des Deux Moulins

아멜리에 Amélie Poulain

1973년 9월 3일 6시 28분 32초.

분당 14,670회의 날갯짓을 하는 쇠파리가 몽마르트르 거리에 앉았다.

같은 순간, 근처의 한식당 테라스에선 바람결에 유리컵이 춤을 추고 있었고, 9번가 트뤼덴 거리 아파트 5층에선 친구인 에밀 마지노 장례에 다녀온 유진 콜레르가 친구의 이름을 수첩에서 지우고 있었다. 바로 이 순간, 라파엘 풀랭의 X염색체 정자는 아내 아망딘 푸에의 난자를 향해 돌진하고 있었다. 9개월 후 아멜리 풀랭이 태어났다.

이것은 장 피에르 주네의 대표적 영화인 '아멜리에(원제 : 아멜리 풀랭의 멋진 운명Le fabuleux destin d'Amélie Poulain)'의 시작 멘트이다. 지금의 몽마르트르에 새로운 활기를 되찾아준 사람을 찾으라면 단연 장 피에르 주네와, 행복을 전해준 예쁜 몽마르트르의 카페 여직원 아멜리일 것이다. 몇 년 뒤에

아멜리에 Amélie Poulain

두 개의 풍차 카페 내부.

아멜리에 Amélie Poulain

는 장 피에르 주네의 동상이나 광장이 몽마르트르에 생기지 않을까 싶을 정도로 주네의 영화 '아멜리에'의 배경이 된 장소를 찾는 관광객이 많다.

핵전쟁 후 인육을 먹는 '델리카트슨Delicatessen'이나 아이들의 꿈을 좇아 불로장생하려는 어른들의 탐욕을 그려낸 '잃어버린 아이들의 도시La cité des enfants perdus' 등으로 우리에게 알려진 주네 감독은 이전의 어두운 느낌에서 탈피해 짓궂은 유머와 파스텔 톤 화면으로 2001년 무려 1000만 명의 프랑스 관객을 모으는 데 성공한 영화 '아멜리에'를 내놓았다. 개인적으로 장 피에르 주네 감독을 좋아하는 데다 몽마르트르의 모습을 다시 추억할 수 있는 영화라서 나 역시 '아멜리에'를 아주 재미있게 본 기억이 난다. 이 영화는 몽마르트르에서 유년의 독특한 기억을 가진 '아멜리'라는 아가씨가 이곳 몽마르트르의 한 카페에서 일하면서 여러 사람에게 행복을 전해주는 예쁜 사랑 이야기이다.

주네는 한 인터뷰에서 이 영화를 만들기 위해 자신이 알고 있는 모든 에피소드를 다 모았다고 했다. 오랜만의 아빠의 손길에 가슴이 뛰는 딸을 심각한 심장병으로 판단한 아빠, 금붕어의 자살 기도, 노트르담 대성당에서 자살하는 남자, 그 남자에게 깔려 죽은 엄마, 카페에 하루 종일 죽치고 앉아 있는 스토커, 벽으로 둘러친 아파트에 사는 무명의 화가, 우연히 발견된 오래된 보물상자, 사진 부스에서 버려진 사진을 모으는 남자… 모두 재치 있는 상황 설정이라고 볼 수도 있지만, 조금의 상상력을 발휘해 우리의 일상을 바라본다면 주변에서 만날 수 있는 사람들의 모습일 수도 있다.

우리 모두가 이런 평범하고 일상적인 것들을 예쁜 동화로 만들 수 있다는 것을 보여주기 위해 주네가 '아멜리에'를 만든 건 아니었을까. 이 영화의 주인공 아멜리는 어린 시절부터 혼자 놀기를 좋아한다. 영화 초반부에 나오는 열 손가락에 꽂은 딸기를 빼 먹는 모습이나 구름을 찍는 소녀의 모습은 너무도 예쁘다. 아가씨가 된 아멜리는 물수제비뜨기나 곡식 자루에 손 넣기, '쥘과 짐' 같은 옛날 영화의 옥의 티를 찾아내며 자신만의 시간을 가진다. 그런 그녀에게서는 쓸쓸한 느낌을 찾기 어렵고 유쾌해 보이기까지 했다. 혼자서 행복한 시간을 보낼 수 있는 것은 바로 그녀만의 세계를 가지고 있기 때문일 것이다.

또 그녀가 즐기는 고독의 놀이 중의 하나는 '파이 깨뜨리기'이다. 사실 파이라고 번역되어 있지만, '아멜리에'에 나오는 과자의 이름은 크렘 브륄레crème brulée로 여기서 브륄레는 '태운'이라는 의미이다. 이 과자는 달걀, 우유 등이 들어간 커스터드 크림 위에 설탕을 뿌리고 표면을 그을려서 만든 푸딩의 일종으로, 바삭하게 태운 설탕과 차가운 커스터드 크림의 조화가

아멜리에 Amélie Poulain

두 개의 풍차 카페 내부.

아멜리에 Amélie Poulain

색다른데 이 영화와 아주 잘 어울린다는 생각이 든다.

이 영화에서는 얼마 전 칸 영화제의 개막작인 '다빈치 코드'의 여주인공 오드리 토투와 '증오', '혼혈아' 등의 감독인 마티유 카소비츠의 모습도 볼 수 있다. 얀 티어슨의 '아멜리의 춤'이라는 곡 역시 이 영화의 배경이 된 두 개의 풍차, 아베스 전철역, 사크레쾨르 대성당, 회전 목마, 생 마르탱 운하 등 이 영화와 관련한 몽마르트르의 여러 장소 못지않게 유명하다. 몽마르트르에 사는 여러 사람의 모습을 표현해내기에는 클래식 음악은 너무 무겁고, 팝 음악은 너무 가볍다는 생각으로 고심하던 주네에게 얀 티어슨Yann Tiersen은 그가 찾던 뮤지션이었다.

지난여름에 나는 축제 자료를 찾기 위해 브르타뉴 지방의 작은 항구 도시인 로리앙에서 열리는 켈트 문화 페스티벌에 다녀왔다. 2008년 여름 38회를 맞은 로리앙 축제는 8월 1일부터 10일 동안 열리는데 프랑스뿐 아니라 범세계적인 축제로 발전하고 있다. 이 축제는 프랑스 문화부 장관이던 앙드레 말로의 '축제의 민주화'에 이어 '문화는 불평등한 소수의 희생자에게 제공되어야 한다'는 문화 발전이론을 폈던 자크 뒤아멜 문화부 장관이 1971년에 만들었다. 스코틀랜드인, 아일랜드인, 웨일스인, 갈리시아인 등이 서로 만나는 장소로 문화적 불평등의 희생자가 될 뻔한 소수문화가

축제로 발전한 예이다. 전통의상과 민속춤 퍼레이드, 마음을 울리는 강하면서도 구슬픈 음악 속에서는 즐거운 축제의 장을 넘어 그들만의 문화를 지키려는 신념이 느껴졌다.

나는 그곳에서 슬프면서도 가슴을 울리는 선율을 들으며 티어슨의 음악을 떠올렸는데, 로리앙 축제 자료를 보니 얀 티어슨이 브르타뉴 출신이었다. 그의 음악은 에릭 사티의 음악보다는 좀 밝았는데, 두 뮤지션의 음악이 너무도 닮았다는 생각이 들었다. 제2의 에릭 사티라는 평가를 받고 있는 얀 티어슨의 음악을 머릿속에 담은 채 축제를 둘러보고, 몽마르트르의 거리 구석구석을 떠올려보았다. 음울하고도 독특한 분위기를 가진 몽마르트르와 얀 티어슨의 음악, 그리고 로리앙의 축제는 각기 자기만의 색채와 선율로 내게 다가왔다.

독특하고도 우울한 몽마르트르를 걷다보면 늘 이 영화의 주제 음악인 '아멜리의 왈츠 Valse d'Amélie' 나 에릭 사티의 '짐노페디 Gymnopédies' 가 귓가에 들리는 듯했다. 몽마르트르와 이 음악의 매력에 빠져들지 않는 사람은 아무도 없을 것이다.

영화 '아멜리에' 의 배경이 된 장소인 두 개의 풍차로 가려면 블랑슈 역에서 내려 몽마르트르 언덕을 따라 르픽 거리로 오르면 쉽게 찾을 수 있다.

아멜리에 Amélie Poulain

마치 영화의 한 장면인 양 자리를 잡고 한참 동안 즐거운 시간을 보내는 관광객이 눈에 많이 띄었다. 나도 카페의 한구석에 앉아 영화를 보듯 이 공간을 바라보는 즐거운 시간을 가졌다.

카페 내부에는 커다란 '아멜리에' 영화 포스터가 붙어 있어 누구나 이곳이 '아멜리에' 영화의 배경이 된 장소임을 쉽게 알 수 있다. 조제트가 앉아 있던 담배를 파는 장소는 없지만, 나머지는 거의 비슷했다. '두 개의 풍차'와 함께 영화에 등장한 식품점 역시 몽마르트르의 새로운 관광 명소가 되었다. '콜리뇽의 집maison de Colignon'이란 간판이 그대로 붙어 있는 이 집의 주인 알리 씨는 '몽마르트르 식료품 상인Épicier de Montmartre'이라는 제목의 음반을 2003년 2월 28일 취입해서 20.93유로에 팔고 있다. 행복을 전해주는 영화 '아멜리에'의 배경이 된 곳이라 그런지 이곳을 찾는 관광객들의 얼굴에 행복한 웃음이 번져갔다.

마르셀 에메 Marcel Aymé

" 마치 열린 문으로 드나들듯이
벽을 뚫고 지나가는 사나이가 있었다 "

마르셀 에메 광장

La Place Marcel Aymé

마르셀 에메 Marcel Aymé

파리 몽마르트르 오르샹 가 75번지 2호의 4층에 매우 선량한 남자가 살았다. '뒤티유왈'이라고 부르는 그 남자에게는 특이한 능력이 하나 있었는데, 마치 열린 문으로 드나들듯이 아무런 장애를 느끼지 않고 벽을 뚫고 나가는 능력이었다. 그는 코안경을 끼고 짤막한 턱수염을 기르고 있었다. 등기청의 하급 직원인 그는 겨울이면 버스를 타고 통근했고 날씨가 좋은 계절에는 중산모를 쓴 차림으로 걸어서 출퇴근했다….

이 글은 마르셀 에메의 《벽으로 드나드는 남자 Le passe-muraille》의 앞부분이다. 노르뱅 거리를 걸어 내려오다보면 지라동 거리와 쥐노 거리의 교차로에 마르셀 에메 광장이 있다. 이곳은 테르트르 광장처럼 많은 관광객이 찾지는 않지만 마르셀 에메와 그의 소설을 좋아하는 사람들의 발길이 계속 이어지고 있다. 이 광장에는 '벽으로 드나드는 남자'의 주인공인 뒤티유왈

마르셀 에메 Marcel Aymé

'벽으로 드나드는 남자'의 전체 조각.

마르셀 에메 Marcel Aymé

'벽으로 드나드는 남자'의 조각에서 손 부분.
뼈가 앙상한 이 손은 장 콕토의 손으로 주형을 떴다.

마르셀 에메 Marcel Aymé

의 동상이 있다.

장 마레Jean Marais는 마르셀 에메의 모습으로 이 조각상을 만들었으며, 벽으로 나와 있는 뼈가 앙상한 손은 장 콕토의 손으로 주형을 떠서 만들었다. 마르셀 에메는 1929년 '허기진 자들의 식탁'으로 르노도상을 받은 이후 몽마르트르의 이곳에 방을 얻고서 글쓰기 작업을 계속했다. 바로 이곳에서 장편《초록색 암말》, 단편집《술래잡기 이야기》,《벽으로 드나드는 남자》 등을 썼고, 작업 활동을 하다 1967년 10월 14일 생을 마감했다. 그는 위트릴로나 쉬잔 발라동 등이 묻혀 있는 생 뱅상 묘지에 잠들어 있다.

마르셀 에메의《벽으로 드나드는 남자》를 읽고서 이곳에 오면 몽마르트르를 향한 발걸음이 보다 경쾌해지는 것을 느낄 수 있다. 이 소설에 나와 있는 거리를 따라 걷다보면 이전에 느낄 수 없었던 또 다른 모습의 몽마르트르를 경험할 수 있기 때문이다. 어쩌면 장 피에르 주네의 영화 '아멜리에'에서 아멜리의 상상력도 여러 사람의 에피소드를 모아서 만든 것이 아니라 마르셀 에메의《벽으로 드나드는 남자》에 나오는 거리를 걷다가 주네가 떠올린 이야기들이 아니었을까 싶기도 하다.

나는《벽으로 드나드는 남자》에 등장하는 몽마르트르 거리를 둘러보는 것을 좋아한다. 아주 기분이 좋아지고 신이 나기까지 한다. 우선 레퀴예 거

마르셀 에메 Marcel Aymé

마르셀 에메가 살았던 집.

마르셀 에메 Marcel Aymé

리로 간다. 레퀴예는 주인공 뒤티유윌이 벽으로 드나드는 특별한 능력을 발휘할 수 있게 해준 새로 부임한 과장 이름이다. 왜 이 거리의 이름을 고약한 과장의 이름에서 따 왔는지는 모를 일이지만, 이런 생각을 하며 레퀴예 거리를 걸어보는 것은 재미있다.

주인공이 자신의 모습을 바꾸고 거처로 삼은 쥐노 거리를 걷는 것은 또 다른 즐거움이다. 쥐노 거리는 마르셀 에메와 《밤의 끝으로의 여행 Voyage au bout de la nuit》의 저자인 페르디낭 드 셀린, 이 소설에도 등장하는 인물이며 마르셀 에메의 절친한 친구이자 프랑스 표현주의 화가인 젠 폴 Gen Paul이 살았던 거리이다.

금발의 여인을 만났던 르픽 거리로 가면 고흐가 몽마르트르에서 화가들과 만남을 가졌던 아파트와 르누아르의 아틀리에 등이 있다. 다시 젊은 여인을 만나는 툴루즈 거리와 그녀의 집이 있는 노르뱅 거리… 바람이 부는 날 노르뱅 거리를 걷다보면 바람소리가 아니라 뒤티유윌이 찬란한 행로의 종말과 너무도 짧게 끝나버린 사랑을 한탄하는 소리를 들을 수도 있을 것이다.

마르셀 에메 Marcel Aymé

프랑스 표현주의 화가인 젠 폴이 살았던 집.

마르셀 에메 Marcel Aymé

이러한 경험은 자칫 실망스러울 수도 있을 몽마르트르 여행에 활기를 불어넣을 것이다. 작고 평범한 루앙이라는 도시가 플로베르의 《보봐리 부인》에서 엠마에 의해 신비롭고 찬란한 혹은 환멸의 공간으로 재구성되듯이, 굽이굽이 이어지는 몽마르트르 언덕과 거리는 마르셀 에메에 의해, 또 이 책을 읽은 독자가 자신의 내면을 이 공간에 투영하면서 또 다른 그만의 공간으로 변한다. 《벽으로 드나드는 남자》의 마르셀 에메와 '아멜리에'의 장 피에르 주네는 몽마르트르에 예기치 않은 즐거움을 준 사람들임에 틀림없다.

마르셀 에메 광장에 있는 '벽으로 드나드는 사나이' 조각.

뱅상 반 고흐 Vincent Van Gogh

" 나는 항상 카페에 내 작품이 전시되길 바랐다"

오베르주 드 라 본 프랑케트
Auberge de la Bonne Franquette

뱅상 반 고흐 Vincent Van Gogh

나는 몽마르트르에 있는 여러 카페 중 화가의 숨결이 아직도 느껴지는 몇 곳을 더 다녀보았다. 솔직히 우연히 알게 된 곳도 몇 군데 있다. 몽마르트르의 여러 곳을 둘러보다 노르뱅 거리와 함께 가장 고풍스러운 거리라는 생 뤼스티크 거리에 있는 '오베르주 드 라 본 프랑케트'라는 카페에서 발걸음을 멈추었다. 할아버지와 할머니가 있는 작고 예쁜 간판이 눈길을 끌었기 때문이다.

사진을 찍고 다른 곳으로 걸음을 옮기려다가 사람들로 가득 찬 실내를 힐끗 들여다보았더니 그곳 나무에 '노래하자, 먹자, 마시자, 사랑하자! Chanter, manger, boire, aimer'라고 쓰여 있었다. 작은 무대가 설치되어 있는 그곳에서는 사람들이 함께 노래를 부르기도 했고, 연인들끼리는 사랑을 나누거나, 술잔을 기울이며 심각한 토론을 하고 있었다. 실내에는 풀보나 고흐, 로트렉 등의 그림이 전시되어 있었는데, 다른 화가들의 그림보다 유독 고흐의 그림

뱅상 반 고흐Vincent Van Gogh

오베르주 드 라 본 프랑케트 외부.

뱅상 반 고흐Vincent Van Gogh

고흐의 작품이 전시되어 있는 오베르주 드 라 본 프랑케트 내부.

빵상 반 고흐 Vincent Van Gogh

이 많았다.

   카페 안쪽으로 들어가보니 예쁜 정원이 있고 테라스에서는 실내보다 더 많은 사람이 유쾌한 시간을 보내고 있었다. 나도 한구석에 자리를 잡고 앉았는데 그곳에 있는 사람들을 보는 것만으로도 즐거웠다. 주문을 하기 위해 메뉴판을 봤을 때 왜 그리 많은 사람이 이곳을 찾으며, 또 고흐 그림이 왜 그렇게 많이 전시되어 있는지 알 수 있었다. 메뉴판에는 1890년 이후로 이곳은 세잔, 디아즈, 피사로, 시슬레, 드가, 로트렉, 르누아르, 모네, 졸라, 고흐 등과 같은 예술가들의 만남의 장소였으며, 1886년 10월에 고흐가 그린 유명한 작품 '몽마르트르의 선술집'의 배경이 된 장소라고 쓰여 있었다.

   화가들은 이 선술집에서 당구를 치거나, 그들에게 쏟아지는 비난을 잊기 위해 자연과 벗하며 쉼을 얻었을 것이다. 그 당시 이런 선술집에서는 시고 떫은 싸구려 포도주를 팔았을 테고, 가난한 노동자들이 하루의 노동을 마치고 이곳에 모여들었으며, 주머니 사정이 넉넉지 않은 고흐 역시 한자리를 차지하고서 편지를 쓰다 이곳의 모습을 자신의 화폭에 담았을 것이다.

   고흐는 '삶에 대해 열정을 가지면서도 평온함을 유지할 수 있다면 살아가는 데 많은 도움이 될 것이다' 라는 내용의 편지를 동생 테오에게 썼다.

뱅상 반 고흐 Vincent Van Gogh

르픽 거리에 있는 고흐의 아틀리에.
고흐는 르픽 거리에 있는 동생 테오의 집에서 1886~1888년까지 머물며
몽마르트르의 모습을 화폭에 담았다.

하지만 평온함을 유지하면서 열정을 갖기가 그리 쉽지는 않았을 것이다. 이는 고흐에게도 쉬운 일은 아니었다.

1886년 4월, 파리에 도착한 지 한 달이 되었을 때 고흐는 르픽 거리 54번지에 있는 동생 테오의 아파트에 머물렀다. 이곳의 분위기를 보고 자신의 예술적인 열망을 펼 수 있다고 생각한 고흐는 다른 화가들이 그랬듯이 아직 시골 풍광이 남아 있는 모습을 그리며 몽마르트르에서의 생활을 시작했다. 그는 그림을 그리는 화가는 결코 외롭지 않으며 예술이 얼마나 풍요한 것인지에 대해 동생에게 편지를 썼다.

" 예술이란 얼마나 풍요로운가!
본 것을 기억하는 사람은 결코 허무하거나 고독하지 않을 것이다.
그는 결코 혼자가 아니기 때문이다."

이곳에서 고흐는 로트렉이나 앙크탱, 베르나르 등과 만남을 가지면서 화풍에도 변화가 생겼고 한때는 점묘파의 기법에 심취했다. 하지만 그 당시

뱅상 반 고흐 Vincent Van Gogh

반 고흐, '몽마르트르의 선술집', 1866년, 파리, 오르세 미술관.
오른쪽 그림. 툴루즈 로트렉, '반 고흐의 초상', 1887년, 암스테르담, 반 고흐 국립 미술관.

뱅상 반 고흐Vincent Van Gogh

몽마르트르는 고흐가 많은 친구를 유쾌하게 만나며 평온하게 그림을 그리게 내버려두지 않았다. 과음과 퇴폐적인 생활로 건강이 나빠지고, 그 뒤 이곳 생활에 염증을 느낀 고흐는 몽마르트르에서 자화상, 정물화, 몽마르트르의 풍경 등 200여 점의 작품을 그린 뒤 밝은 빛을 찾아 아를로 떠났다.

'슬픔은 사는 동안 내내 계속될 것이다' 라고 생각해서였을까? 고흐는 믿을 수 없을 정도로 파랗고 반짝이는 태양이 내리쬐는 남프랑스의 아를에서도, 마지막 70여 일을 보낸 너무도 아름다운 오베르 쉬르 우아즈에서도 삶의 기쁨을 발견하지 못했다. 그는 자신의 그림에 대한 불타오르는 열정과 불안감, 슬픔을 극복하지 못한 채 자살로 37살의 짧은 생을 마감했다.

그가 자신에게 방아쇠를 당긴 이유는 그 무엇보다 물질에 의해 변해가는 사람들에게 환멸을 느꼈기 때문인지도 모르겠다. 테오에게 부치지 못하고 그가 죽은 뒤 주머니에서 발견된 "나는 네가 단순한 화상이 아니라고 생각해왔다. 너는 코로의 화상이 아니다…. 내가 아는 너는 사람을 사고파는 장사꾼이 아니다. 네 입장을 정하고 진정으로 사람답게 행동할 수 있으리라

뱅상 반 고흐 Vincent Van Gogh

카페 콩쉬라.
오른쪽 사진은 아를에 있는 반 고흐 재단.

뱅상 반 고흐 Vincent Van Gogh

믿는다. 진정 네가 원하는 게 무엇이냐?"라고 쓴 편지에서 고흐가 삶에 대해, 무엇보다도 그가 가장 사랑하는 동생 테오가 변해가는 모습에 대해 얼마나 절망했는지를 느낄 수 있다.

이 카페에 걸린 그의 작품을 보고 있노라니 고흐가 항상 자신의 그림이 파리의 카페에 전시되기를 바랐다는 말이 생각났다. 이곳 테라스에 앉은 사람들은 고흐의 그림 속 인물들과는 분명 다르지만 그곳의 모습에서 마치 고흐의 작품을 보는 것 같았다.

오베르주 드 라 본 프랑케트 맞은편에 있는 '콩쥐라'에는 테라스뿐 아니라 실내에까지 많은 사람으로 붐비고 있었다. 관광객을 의식한 듯 간이 간판에는 영어로 '아침 10시부터 새벽 2시까지 매일 영업함, 영어·이탈리아어·스페인어·독일어로 주문 가능'이라고 쓰여 있었다. 내가 그 곁으로 가니 종업원이 일본말로 인사를 해서 그냥 쳐다보고 있었더니 다시 한국말로 "들어오세요"란다. 이런 친절함이 이 공간을 가득 차게 한다는 생각이 들었다. 그들의 상술이겠지만 타국에서 우리말을 들으니 기분이

고흐의 '밤의 카페 테라스'의 배경이 된 장소인 아를에 있는 카페 반 고흐.

뱅상 반 고흐Vincent Van Gogh

고흐가 마지막 70여 일을 보냈던 오베르 쉬르 우아즈의 오베르 교회.

뱅상 반 고흐Vincent Van Gogh

좋았다.

그곳 벽면에는 이곳이 피사로, 시슬레, 디아즈, 고흐, 로트렉 같은 대가들의 만남의 장소였으며, 국립 현대 미술관에 전시된 위트릴로의 '콩쥐라'의 배경이 된 곳이라고 쓰여 있었다. 이런 추억의 장소이기에 많은 사람의 발길을 끌었던 것이다. 몽마르트르는 곳곳에서 화가들의 자취를 느낄 수 있어 참 좋았다. 특히 화가들이 그림을 그렸던 장소가 큰 변화 없이 보존되어 그림과 함께 그 장소를 구경하는 일은 가슴 벅찬 일이었다.

고흐의 흔적은 이곳에서 염증을 느낀 고흐가 빛을 찾아 떠났던 곳인 아를이나 가셰 박사에게 치료를 받으러 갔던 오베르 쉬르 우아즈에서 찾을 수 있다. 고흐는 1888년 2월부터 1889년 5월까지 아를에서 머물며 우리에게 잘 알려진 '해바라기'나 색채가 모든 것을 지배하는 듯한 '노란 방', 고갱과 함께 작업실로 쓴 '노란집', 강렬한 빛의 대비에 의해 평범한 선술집이 갖는 창백한 유황빛의 음울한 힘과 용광로 지옥 같은 분위기를 부각하려 했던 '밤의 카페 테라스' 등을 그렸다. 우리가 아를의 모습을 더욱 사랑하는 데는 고흐의 영향력도 크지 않을까 싶다.

고흐가 70여 일을 보내며 72편의 아름다운 작품을 그리다 생을 마감한 오베르 쉬르 우아즈 마을에서는 그의 체취가 고스란히 전해진다. 숨막히게

뱅상 반 고흐 Vincent Van Gogh

오베르 쉬르 우아즈의 '고흐의 집.'

더운 여름날 숨을 거둔 고흐가 묵었던 너무도 초라한 라부 여인숙과 좁은 계단, 오베르 교회, 자신에게 방아쇠를 당긴 오베르 성, 그에게 물질적인 지원을 아끼지 않았던 도비니의 아틀리에, 그 당시 사회를 서서히 파멸시켰던 72도나 되는 압생트와 관련한 책이나 자료가 전시된 압생트 박물관, 고흐의 고통스러운 모습을 매우 잘 표현한 자드킨의 고흐 동상, 고흐의 죽음에 이어 곧 세상을 떠난 동생 테오와 고흐의 무덤이 있는 오베르 묘지, '까마귀가 나는 밀밭'의 소재가 된 오베르의 밀밭… 평온하다 못해 적막한 이곳을 한번 둘러보면 고흐의 삶을 이해할 수 있을 것이다.

군중 Les Foules

"군중을 즐기는 것은 일종의 예술이다"

테르트르 광장
La Place de Tertre

군중 Les Foules

가파른 언덕을 오르며 몽마르트르 거리를 걷다보면 여기저기 노천 카페에서 '장밋빛 인생La vie en rose'이나 '파리의 하늘 아래Sous le ciel de Paris'와 같이 우리 귀에 익숙한 샹송을 연주하는 사람들의 모습을 쉽게 볼 수 있다. 역사를 거슬러 올라가지 않고 이 거리를 걷는 것만으로도 자신의 삶을 되돌아보며 추억과 향수를 느낄 수 있는 것이다.

폴 아바디에 의해 1870년 공사가 시작되어 1914년 완공한 로마 비잔틴 양식의 웅장한 건물로, 몽마르트르의 아름다움을 한층 더해주는 사크레쾨르 성당을 구경한 뒤 언덕 아래로 내려오다보면 음악이 뒤섞인 한바탕 북적거리는 소리를 들을 수 있다. 그곳은 바로 200여 년 동안 무명화가들의 보금자리 역할을 하고 있는 테르트르 광장이다.

이 광장에 이르면 보들레르의 '군중Les Foules'이란 시가 떠오른다. 관광객과 화가들의 북적거림에서 느낄 수 있는 고독감 때문이리라.

군중 Les Foules

사크레퀘르 성당.

군중 Les Foules

200여 년 동안 무명화가들의 보금자리 역할을 하고 있는 테르트르 광장.

군중 Les Foules

"군중 속에 둘러싸이는 재능은 누구에게나 주어진 것이 아니다. 군중을 즐기는 것은 일종의 예술이다. ··· 대중과 고독, 이 두 어휘는 풍요롭고 적극적인 시인에게는 서로 교환 가능한 어휘일 수 있다. 자신의 고독을 채울 줄 모르는 자는 역시 군중 속에서 홀로 존재할 줄 모른다."

보들레르, '군중Les Foules' 중에서

광장에서는 수많은 무명화가가 빽빽하게 이젤을 세워두고 관광객들의 그림을 그려주고 있다. 그곳에 잠시 자리를 잡고 앉아서 화가들에게 그림을 부탁해보는 것도 좋은 추억거리가 될 것이다.

나도 그곳에 가면 그런 시간을 갖는다. 가격은 화가에 따라 다르지만 보통 40~50유로이다. 좀 비싸고, 또 마음 설레며 받아든 초상화를 보고 실망할 때도 있지만 좋은 경험이라는 생각이 들었다. 나를 그려주는 화가의 눈빛에서 그의 손놀림에서 정말 많은 것을 느낄 수 있었기 때문이다. 그런 경험만으로도 멋지지 않을까?

군중 Les Foules

언덕 아래로 파리 시내가 한눈에 내려다보이는 이곳에서 여유로운 한때를 즐기기도 한다.

군중 Les Foules

나는 이곳에 들를 때마다 내 초상화를 그려주었던 화가들을 다시 찾는다. 처음 초상화를 그려준 화가는 그 광장에서 사라졌다. 어쩌면 유명한 화가가 되어 이곳을 떠났을지도 모른다. 몇 년 전 나의 초상화를 그려준 화가는 남편과 함께 이곳에서 여전히 관광객들의 초상화를 그려주고 있었다.

이곳에는 그저 한 잔의 포도주를 마시거나 돈을 벌기 위해 그림을 그려주는 화가들도 있지만, 내가 만난 마리 노엘 롱보라는 이름을 가진 화가는 그렇지는 않아 보였다. 무척 진지한 표정으로 그림을 그려주었고 자신의 메일과 전화번호를 주며 함께 찍은 사진을 보내달라고 부탁했다. 그런 메일을 세계 각국에서 받는 것이 그녀의 보람이고 기쁨이라며, 헤어질 때 거듭 부탁을 했다. 어디를 가든 같은 상황에서 삶을 즐기기도 하고 고통 받기도 하는 듯했다.

테르트르 광장 주위에는 카페와 레스토랑이 즐비했다. 그중에는 1814년 러시아 카자흐 기병들이 가장 즐겨 찾았다는 '메르 카트린'이란 곳도 있었다. 이곳에서 러시아 병사들이 '빨리 빨리, 음료수를 달라'고 말한 데서 간단하게 식사를 할 수 있는 장소인 '비스트로bistrot'란 말이 생겼다고 한다. 2~3년 전까지만 해도 테르트르 광장 주변에 있던 카페들이 이제는 광장 안쪽으로 들어와 자리를 잡고 있었다.

군중 Les Foules

테르트르 광장에서 만난 여인.

그래서 화가들은 광장 중심에 있는 카페와 광장 주변에 있는 카페 사이의 좁은 공간에서 관광객들을 상대로 초상화를 그려주고 있었다. 이곳 화가들의 남루한 옷에서, 관광객들의 시선을 끌려는 힘없는 눈빛에서, 그림을 그리다가 옆구리에 포도주 병을 끼고 골목길을 힘겹게 걸어가는 모습에서 이 골목을 화폭에 담았던 몽마르트르 화가들의 삶이 보였다. 살아 숨쉬고 삶을 꿈꾸며 삶을 괴로워하는… 화가들의 얼굴, 남루한 옷, 그들의 표정에서 어깨를 짓누르는 시간의 무게를, 고달프고 외로운 그들의 삶의 무게가 느껴졌다.

이곳에는 화가들과 함께 음악도 넘쳐났다. 다른 장소로 이동하려는 내 발길을 어디선가 들은 귀에 익은 목소리가 붙잡았다. 사람들을 비집고 들어가 보니 바로 어제 라팽 아질에서 사랑이 담긴 아름다운 샹송으로 내 가슴을 뛰게 만든 여인이 노래를 부르고 있었다. 그녀가 부르는 노래 중 에디트 피아프의 '군중 La Foule'은 보들레르의 '군중 Les Foules'처럼 열기와 관광객들로 북적이는 이 공간과 무척이나 잘 어울렸다.

태양과 기쁨으로 숨막힐 듯
열광에 젖은 축제가 열린 마을을 다시 찾았네.

군중 Les Foules

내 주위로 터져나오는 외침과 튀어오르는 웃음소리를

음악 소리 속에서 듣고 있네.

나를 밀치는 사람들 속에 파묻혀 어쩔 줄 몰라

당황하며 멍하니 거기에 있네.

내가 갑자기 돌아섰을 때 그가 뒷걸음질치고

군중은 나를 그의 품으로 던져 넣었네.

우리를 이끄는 군중에 휩쓸려

서로에게 짓눌려 우린 한몸이 되고 말았네.

그리고 막힘없는 물결은 서로에게 묶인 우리를 밀치고

우리 둘을 웃음 짓게 해준다네.

도취되어 행복하게 해준다네.

…

돌진하며,

미친듯이 파랑돌Farandole, 프랑스의 프로방스 지방에서 시작된 활발한 춤곡 춤을 추는

군중들에 이끌려

나는 멀리 떠밀려가네.

그 사람을 빼앗아가는 군중을 원망하며

나는 주먹을 쥐네.

군중들이 그를 나에게 보내주었지만

나는 그를 다시 되찾을 수가 없네.

그녀가 즐겁게 노래를 부르며 자신의 음반을 팔다가 나를 보고는 인사를 건넸다. 어제 '라팽 아질'에서 즐거웠느냐고 친절하게 물었다. 정말 맑고 힘있는 목소리를 가진 여자였는데, 자신이 선택한 삶을 열정적으로 사는 모습에서 뜨거움이 느껴졌다.

살바도르 달리 외 Salvador Dali etc.

"늘 똑같은 것이 되풀이되는 인간의 맹목적 습성에 경악한다"

달리 미술관 / 몽마르트르 미술관
Musée de Dali / Musée de Montmartre

살바도르 달리 외 Salvador Dali etc.

테르트르 광장 옆으로 나 있는 풀보 거리에 자리한 달리 미술관에는 화가이자 조각가인 살바도르 달리의 작품 330여 점이 전시되어 있다. 어린 시절에는 달리의 작품을 보고 충격을 받았다. 나는 적어도 그림은 아름다움을 표현해야 한다고 생각했기 때문이다. 화가는 추한 모습을 아름답게 표현해내야 한다는 생각이 크게 변한 것은 아니지만, 이젠 초현실주의 화가들의 작품을 어느 정도는 이해할 수 있을 것 같다.

프랑스 국경과 가까운 스페인 피게라스에서 태어난 살바도르 달리는 끝이 올라간 콧수염, 놀란 듯 치켜뜬 눈 등 외모만큼이나 특이하고 그로테스크한 화가였다. 그는 동시대 어느 화가와도 비견할 수 없을 정도로 독특하고 창조적인 세계를 구축했으며, 천재를 열망하는 세상을 향해 "나는 천재다"라고 외쳤다. 세 부분으로 나눠진 지하 전시관에 설치된 실내 조명이 차례로 달리 작품을 비춰줄 때면 창조적인 그의 재능이 더욱더 빛을 발하는

살바도르 달리 외 Salvador Dali etc.

살바도르 달리 미술관 입구.

살바도르 달리 외 Salvador Dali etc.

달리 미술관 외관.
오른쪽 사진은 달리 미술관 출구.

살바도르 달리 외 Salvador Dali etc.

듯했다.

그곳에는 '물렁물렁한 시계', '이상한 나라의 앨리스', '돈키호테', '우주의 코끼리' 등이 전시되어 있었다. 그의 작품에는 현대인이 갖는 고민과 불안, 공포, 절망 등과 함께 압도하는 듯한 무의식의 힘이 나타나 있었다. 달리의 작품 중 '우주의 코끼리'는 그가 전 생애 동안 간직했던 조각에 대한 열정을 잘 표현해낸 작품이다. 하늘에 닿을 만큼 긴 다리로 서 있는, 무게가 거의 없어 보이는 코끼리, 그 등에는 세모 모양의 탑이 있었다. 여기서 탑은 현대 기술 진보의 상징으로, 이 조각에서 조금이나마 달리의 철학을 엿볼 수 있었다.

몽마르트르의 거리에서는 음악이 흐르고 허물어질 듯한 담벽에서는 아직도 화가들의 체취가 느껴지는 듯했다. 위트릴로의 '몽마르트르의 거리'의 배경이 된 코르토 거리에는 보헤미안의 안식처였던 몽마르트르 미술관이 있다. 이 미술관에는 몽마르트르 풍경을 담은 위트릴로와 로트렉, 르누아르, 모딜리아니 등의 작품 복사본이 전시되어 있었는데, 원본은 아니지만 이때 당시 화가들의 흔적을 찾기에는 충분한 공간이었다.

푸르름이 넘치는 정원이 무척 아름다운 이 미술관은 1680년 몰리에르

살바도르 달리 외 Salvador Dali etc.

몽마르트르 미술관과 정원.

살바도르 달리 외 Salvador Dali etc.

극단의 배우였던 마누아 드 로지몽이 사들인 건물로, 17세기 건물의 고풍스러움을 여전히 간직하고 있었다. 르누아르나 모딜리아니, 위트릴로, 로트렉, 발라동 등 화가들의 아틀리에로 쓰이기도 했던 몽마르트르 미술관에는, 이 지역에 수도원이 있을 때부터 오늘날까지의 모습을 한눈에 볼 수 있는 그림들이 전시되어 있었다.

몽마르트르에는 이 미술관 외에도 조르주 상드와 예술혼을 나눴던 들라크루아, 리스트, 쇼팽 등에게 헌납된 '로맨틱 삶의 박물관', 아마추어 화가들의 작품이 전시되어 있는 막스 푸르니 순수 화가 박물관, 7층 건물 전체가 성에 대한 그림·비디오·컬렉션 등이 2000여 점 전시되어 있는 에로티시즘 박물관이 있다. '로맨틱 삶의 박물관'에서는 낭만주의 시대 화가들의 작품과 쇼팽의 연인이었던 조르주 상드의 유품, 그리고 그들의 사랑을 엿볼 수 있었다. 또 사크레쾨르 대성당 외에도 생 피에르 드 몽마르트르 교회와 순교자의 교회가 있고, 졸라나 하이네가 묻힌 몽마르트르 묘지와 함께 위트릴로와 부댕, 마르셀 에메가 묻힌 생

살바도르 달리 외 Salvador Dali etc.

몽마르트르 미술관 앞의 코르토 거리.

뱅상 묘지, 만성절(11월 1일)에만 일반인에게 개방되는 생 피에르 묘지가 있다.

몽마르트르는 마치 추억을 떠올리며 이곳을 산책하고자 하는 사람들을 위해 꾸며진 공간인 것 같았다. 몽마르트르 언덕은 케이블을 이용해서 올라갈 수도 있고, 여러 관광지는 꼬마 기차를 이용해서 둘러볼 수도 있다. 하지만 나는 이곳의 거리를 여유를 가지고 걸어보기를 권한다. 예술가들의 흔적은 간데없고 환락가로 전락한 몽마르트르의 모습에서 실망한 사람들도 이 거리를 걷다보면 감칠맛 나는 부분을 발견할 수 있을 것이다.

이 거리는 게으른 산책자로, 다시 말해 주머니 가득 여유를 가지고 걸어야 한다. 또 어떤 목적을 가지고 어느 곳을 찾아가는 것이 아니라, 이 거리를 거닐었던 화가들처럼 거닐어보기를 권한다. 혼자이면 더 좋을 것이다. 나는 몽마르트르에 대한 글을 쓰며 무척 즐거웠다. 내 글을 읽으며 싫증을 낼 독자들에게 우선 용서를 구하고 싶다. 하지만 나는 몽마르트르의 거리거리에서 내가 느꼈던 감정을, 그들의 사랑이나 고독 혹은 희열을 여러 사람이 느끼길 바란다. 몽마르트르에서 어떤 대단한 지식이나 많은 것을 얻겠다는 생각을 버리면, 이 색다른 공간에서 자신만의 즐거운 한때를 보낼 수 있을 것이다.

에필로그 epilogue

잃어버린 시간을 찾아서

　새로운 것은 이전의 것을 진부한 것으로 보고 거기서 떠나려고 한다. 활기찬 여름도 시간이 흐르면 막바지로 치달을 것이고 어김없이 찾아오는 가을은 여름을 시들게 한다. 우리는 여름 내내 그리도 원했던 가을 한복판에서 다시 여름을 그리워한다.

　오랜 세월이 지난 지금 이곳을 떠났던 많은 사람은 다시 이곳을 찾는다. 이전의 모습을 그대로 간직한 장소는 손꼽을 정도로 적다. 지금의 모습을 있는 그대로 받아들인다면 실망감으로 발길을 돌릴지도 모른다. 하지만 우리는 《잃어버린 시간을 찾아서》에서 마르셀이 홍차와 마들렌 과자가 입안에서 섞이면서, 콩브레에 있는 고모 집에서 보냈던 그의 어린 시절에서, 마을 주변으로 뻗은 두 산책로까지 기억이 생생하게 되살아나서 무한한 희열을 느끼는 것처럼 몽마르트르에서 화가들의 삶과 사랑을, 그들의 이야기를

에필로그 epilogue

떠올리며 행복한 산책자가 되어 거리를 거닐어보자. 그렇게 한참을 다니다 보면 마르셀이 느꼈던 희열보다 더 진한 감동을 느낄 수 있을 것이다.

하지만 이런 감동은 몽마르트르를 잠시 스쳐 지나가는 관광객들에게는 허락되지 않는다. 그렇기에 몽마르트르는 속도를 늦추고 느리게 산책해야 한다. 나는 파리에 도착하자마자, 그리고 파리를 떠나기 전에 어김없이 이곳을 찾는다. 사랑하는 연인과 오랜만에 만난 것처럼 이 거리를 다시 오를 때 발걸음은 경쾌해진다.

사람들의 표정도 모두 밝아 보이고 그들의 소리도 웃음과 감탄의 소리로 들린다. 베를리오즈가 살았던 곳을 지나갈 때면 '환상교향곡'을 들을 수 있고, 마르셀 에메가 살았던 곳을 지날 때면 그의 소설 《벽으로 드나드는 남자》의 뒤티유월이 금방이라도 벽을 뚫고 나올 것만 같다. 테르트르 광장의 화가들이 모두 고흐나 로트렉, 르누아르처럼 대가가 되어 그들의 그림이 헐값에 팔려나가지 않고 미술관에 전시될 것만 같다.

코르토 거리를 걷다보면 피아노 선율이 너무도 아름다워 발걸음이 더욱 가벼워지고, 반복되는 피아노 음에 맞춰 거리 이곳저곳을 걸으며 숨겨둔 보물을 찾듯 잃어버린 시간을 찾아 헤매며 즐거워한다. 하지만 파리를 떠나기 전에 이곳을 다시 찾으면 몽마르트르는 내게 다른 모습으로 다가온다. 몽마르트르 언덕에 있는 거리와 계단을 오를 때면 내 발걸음이 무겁기만 하다. 이 거리에 비라도 내리는 날에는 폴 베를렌의 '도시에 비가 내리네'의 한 구절 한 구절이 모두 나의 마음을 노래하는 듯 서글퍼진다.

내 마음에 눈물이 흐르네.

도시 위로 비가 내리듯
내 마음에 눈물이 흐르네.
내 마음에 젖어드는
이 서글픔은 웬일까?

오! 부드러운 빗물 소리
땅에도 지붕에도
권태로운 내 마음 위한
이 빗물의 노래.

역겨워하는 이 마음에

에필로그 epilogue

까닭 없이 눈물이 흐르네.

뭐라고? 저버림이 없다고?

이 사무침 까닭 없어라.

까닭을 알 수 없음이

가장 쓰라린 아픔이라.

사랑도 없이 미움도 없이

이토록 내 마음 아파하네.

우연인지 몰라도 파리를 떠나는 날엔 어김없이 비가 내린다. 이번에 파리를 찾았을 때도 파리를 떠나기 이틀 전부터 계속 비가 내렸다. 그래서 몽마르트르와의 이별은 내게 더 구슬프다. 에릭 사티의 '짐노페디'는 더 이상 내게 아름다운 선율로 들리지 않는다. 애조 띤 선율은 침묵의 이 공간에서 말로 표현할 수 없는 막막한 느낌을 줄 뿐이다.

내가 서둘러 다시 파리를 찾은 건 다시 이 공간을 만나기 위해서인지도 모르겠다. 몽마르트르는 계속 다른 느낌으로 내게 다가온다. 몽마르트르는 처음에는 테르트르 광장이나 사크레쾨르 성당, 물랭 루즈 정도로 다가왔는

에필로그 epilogue

데, 여러 미술관과 예술가들의 거리, 그들의 삶에 대한 이야기로 점점 더 깊이를 더해간다. 기대와 설렘은 이내 실망과 환멸감으로 바뀌기도 한다. 같은 장소에서 완전히 상반된 느낌을 받을 수 있다는 것이 참 신기하다. 그렇기에 어떤 때는 이곳에서 열정과 낭만을 보지만, 어떤 때는 초라함과 무질서를 보는지도 모르겠다.

몽마르트르는 자신의 내밀한 이야기를 때론 나지막하게 속삭이기도 하고, 때론 테르트르 광장에서 그들의 삶을 대중에게 소리 높여 노래하기도 한다. 몽마르트르에 비밀 이야기가 얼마나 더 숨겨져 있을지 궁금할 따름이다. "열린 창을 통해 바깥세상을 내다보는 자는 닫힌 창을 통해 바깥을 바라보는 자만큼 많은 것을 보지 못하며, 유리창 뒤에 숨어 있는 것이 더 흥미롭다"라는 보들레르의 글귀가 떠오른다. 감춰진 것에서 더 많은 것을 느끼고 향유할 수 있는 것은 상상력을 발휘해 삶을 꿈꿀 수 있기 때문일 것이다.

비밀을 간직한 몽마르트르에 들러 천년을 산 것보다 더 많은 추억을 만들고 자신만의 내밀한 기억을 간직한다면 일상이 훨씬 풍요롭고 향기로워질 것이다.

2009년 2월

최내경

참고문헌

Charles Baudelaire, 2003, *Les fleurs du mal*, Thélème.

Georges Brassens, 1993, *Poèmes et chansons*, Paris, Le Seuil.

Guillaume Apollinaire, 1956, *Oeuvres poétiques complètes*, Paris, Gallimard.

José Freches & Claire Freche Thory, 1991, *Toulouse Lautrec, Les lumières de la nuit*, Gallimard.

Louis Nucéra, 2001, *Les contes de Lapin Agile*, Paris, Gallimard.

Marie-Hélène Dampérat, 1999, *L'ABCdaire de Van Gogh*, Paris, Flammarion.

Marcel Aymé, 1995, *Le Passe-muraille*, Paris, Gallimard.

Michel Peyramaure, 1998, *Les escaliers de Montmartre*, Paris, Robert Laffont.

Pierre Passot, 2005, *Montmartre toujours*, Artena.

사진저작권

에드가 드가, '압생트' 혹은 '카페에서', 1875~1876년, 파리, 오르세 미술관.

　　ⓒ Photo RMN / Hervé Lewandowski - GNC media, Seoul, 2009.

오귀스트 르누아르, '르누아르의 부지발의 무도회', 1883년, 보스턴 예술 박물관.

　　ⓒ 2009 Museum of Fine Arts, Boston.

툴루즈 로트렉, '페르난도 서커스단에서 여자 곡마사', 1888년, 시카고 미술 연구소.

　　ⓒ The Bridgeman Art Library - GNC media, Seoul, 2009.

모리스 위트릴로, '라팽 아질', 1920년, 파리, 국립 현대 미술관.

　　ⓒ Photo RMN / Bertrand Prévost - GNC media, Seoul, 2009.

툴루즈 로트렉, 라 굴뤼와 춤동작이 강조된 포스터, 1891년, 알비 로트렉 미술관.

　　ⓒ The Bridgeman Art Library - GNC media, Seoul, 2009.

오귀스트 르누아르, '물랭 드 라 갈레트에서의 무도회', 1876년, 파리, 오르세 미술관.

　　ⓒ Photo RMN / Hervé Lewandowski - GNC media, Seoul, 2009.

반 고흐, '몽마르트르의 선술집', 1866년, 파리, 오르세 미술관.

　　ⓒ Photo RMN / Gérard Blot - GNC media, Seoul, 2009.